我国环境保护刑事立法的完善

完善

金 晶◎著

WOGUO HUANJING BAOHU XINGSHI LIFA DE
W A N S H A N

知识产权出版社
全国百佳图书出版单位

图书在版编目（CIP）数据

我国环境保护刑事立法的完善／金晶著．—北京：知识产权出版社，2017. 11
ISBN 978 - 7 - 5130 - 5214 - 6

Ⅰ.①我… Ⅱ.①金… Ⅲ.①环境保护法—立法—研究—中国 Ⅳ.①D922. 680. 4

中国版本图书馆 CIP 数据核字（2017）第 255551 号

责任编辑：齐梓伊

封面设计：SUN 工作室　韩建文　　　　**责任出版：**孙婷婷

我国环境保护刑事立法的完善

金　晶　著

出版发行	知识产权出版社 有限责任公司	**网　址：** http://www.ipph.cn
社　址：	北京市海淀区气象路 50 号院	**邮　编：** 100081
责编电话：	010 - 82000860 转 8176	**责编邮箱：** qiziyi2004@qq.com
发行电话：	010 - 82000860 转 8101/8102	**发行传真：** 010 - 82000893/82005070/82000270
印　刷：	北京建宏印刷有限公司	**经　销：** 各大网上书店、新华书店及相关专业书店
开　本：	787mm×1092mm　1/16	**印　张：** 14
版　次：	2017 年 11 月第 1 版	**印　次：** 2018 年 2 月第 2 次印刷
字　数：	172 千字	**定　价：** 48.00 元

ISBN 978 - 7 - 5130 - 5214 - 6

前　言

　　环境是人类赖以生存发展的基础。人类社会发展到今天，在生产能力和生活水平不断提高、经济飞速发展的同时，环境污染问题日益突出和严重，已经严重制约了人类社会的可持续发展，并成为一个我们不得不认真面对和解决的社会问题。目前，各国政府已经意识到要实现经济和社会的可持续发展，一定要解决环境污染问题，而环境污染问题的解决，单靠行政处罚和追究民事责任的方式是远远不够的。因此，各国不约而同地在后工业革命时期开始了环境保护刑事立法的工作，以追究刑事责任的方式来严厉打击破坏环境的行为。

　　所谓环境犯罪是指自然人或法人主体，基于主观上的故意、过失或无罪过的心理状态所实施的污染大气、水体、土壤或破坏土地、矿藏、森林、草原、珍稀濒危野生动植物或其他生态环境和生活环境，具有现实危害和危害后果的行为。西方发达国家从20世纪初开始选择以追究刑事责任的方式来加大惩治破坏环境行为的力度。迄今为止在发达国家中已经形成了非常严格和完整的环境保护刑事立法和相应的刑事司法体系。由于历史原因，我国在环境污染犯罪的立法上起步较晚，现有的环境保护刑事立法体系仍然显得较为薄弱，加之全国各地正处在经济建设的高速发展时期，以破坏环境换取经济利益的情况日益突出，环境破坏和环境犯罪行为日趋严重，因此我国更需要加强环境保护刑事立法，以保护好我国的环境，实现经济和社会的可持续发展。

刑法是保护环境的重要工具，但我国现行刑法有关环境犯罪的规定还存在诸多缺陷，因而需要加以完善，以适应环境保护任务日益严峻的现实需要。因此，本书旨在遵循现代环境保护的理念，总结西方发达国家和地区对于环境保护刑事立法的相关经验，分析我国对于环境犯罪惩处的立法现状与困境。笔者认为，在刑事政策普遍倾向于犯罪轻刑化的今天，对环境犯罪的处罚应该反其道而行之——将多种原本仅规定为违反行政法律的行为入刑，以刑罚方式来加重处罚力度，这样才能适应不断发展的环境法益需求。本书立足于构建国际一体化的环境保护刑事立法制度，提出一些立法及司法中的改革建议，以期能够使我国的环境保护刑事立法日趋完善，以切实保护环境，实现我国经济和社会的可持续发展。

本书除了引言和结语外，共分为六章内容。引言部分对环境保护刑事立法的背景、意义进行了说明，并对其基本内容做了一定的概括。

第一章对环境与环境保护等相关的基本理论进行了研究。具体来说，本章首先对环境的概念及特征进行了介绍，并在此基础上讨论了世界各国普遍存在的环境问题和我国当前面临的环境问题。紧接着，本书进一步梳理了我国现行的环境保护的法律责任体系，就我国现有的追究环境保护责任的三类法律责任方式，即环境保护的民事责任、环境保护的行政责任和环境保护的刑事责任进行了探讨。

笔者认为环境保护法律责任规定的特别之处在于，就法律责任的追究机制来看，这三种环境保护法律责任是既可以单独使用也可以合并使用的，即可以产生双罚制甚至三罚制的方式。这意味着，行为人的一项严重违法的环境破坏或环境污染行为，可能导致被同时追究环境保护的民事责任、环境保护的行政责任和环境保护的刑事责任。这种民事、行政和刑事责任同时追究的环境法律责任体系也是世界各国所普遍采用的方式。

第二章对环境犯罪的基础理论进行了阐述。本章首先从环境犯罪的基础理论出发，辨析了环境犯罪的概念和基本构成要件。认为我国的环境犯罪的概念可表述为：自然人或法人主体，基于主观上的故意、过失或者无罪过的心理状态，所实施的污染大气、水体、土壤或破坏土地、矿藏、森林、草原、珍稀濒危野生动植物或其他生态环境和生活环境，具有现实危害和危害后果的行为。通过这一概念我们可以将环境犯罪的客体归结为"双重客体"，即环境犯罪不仅侵犯了人与人之间的社会关系，还侵犯了人与自然产间的生态关系。环境犯罪的主体包括自然人和法人。一般环境犯罪的客观方面包括行为、结果和因果关系三个因素，有的环境犯罪必须有因果关系的存在，有的环境犯罪则并不需要，即仅有环境犯罪行为就可单独构成犯罪。环境犯罪的主观方面比较复杂，包括故意和过失并存的复合罪过、故意和严格责任三种情形。

本章进一步列举了环境犯罪产生的原因。从犯罪产生的本源来看，环境犯罪是在工业化运行的过程中相伴产生的现象。从环境犯罪产生的外部原因来看，经济全球化为环境犯罪的产生和发展提供了外部条件，是环境犯罪产生的一大诱因。而从其他社会科学的角度进行分析，我们也可以看到导致环境犯罪频发的原因之一，就是片面地追求经济利益。例如从经济学角度进行分析，实施危害环境的犯罪可以使得行为人节省环境保护所需要的高昂成本，并获得高额利润，同时面临刑罚的概率又很小，这样必然促进危害环境犯罪的高发案率。再如从社会学角度分析来看，污染企业或个人为了获得各种涉及环境保护内容的许可证件，往往虚构事实，夸大自身能力，以欺骗手段获取相关许可证件，最终造成非法排污和超标排污的现象。

第三章中笔者对我国环境保护刑事立法的发展轨迹进行了综合论述。我国古代很早就产生了环境保护的观念，并采用立法的方式来确立环境保护制度，例如殷商时期的《礼记》就是现今可考证出的最初有文字记载的环境保护规定，在《唐律疏议》中环境保护刑事立法的范围也涉及堤防和水利、文物、山林树木、城镇环境等很多领域。这些规定在之后的宋、元、明清时期都有不同程度的体现和发展。新中国成立后，关于环境保护的刑事立法也历经了数个不同时期：从最初的民法、行政法和刑法交互使用时期，到1979年《中华人民共和国刑法》（以下简称《刑法》）颁布后对该刑法典进行补充时期，再到1997年《刑法》颁布实行时期，以及近几年来对1997年《刑法》修订和完善时一系列修正案和司法解释的出台。在本章最后笔者对我国环境保护刑事立法的发展轨迹进行了归纳和小结。

第四章是关于域外环境保护刑事立法的研究。由于西方发达国家在工业化进程中较先遇到严重的环境问题，因而发达国家和地区也就早意识到了保护环境的重要性以及通过环境保护刑事立法来惩治环境污染行为的必要性。这些立法对我国的环境保护刑事立法无疑具有十分重要的借鉴意义。因此，笔者按照法系和国家区域划分，分三个部分介绍了域外各国和我国除大陆地区外的其他几个地区的环境保护刑事立法。具体来看，第一部分以英美法系国家为标准，介绍了英国、美国和澳大利亚的典型环境犯罪刑事立法体系并对这几个个国家的环境保护刑事立法进行了比较和总结；第二部分以大陆法系国家为标准，介绍了德国、日本、法国、苏联、奥地利、韩国等几个具有代表性国家的具有本国特色的环境保护刑事立法体系，也对这些国家的环境保护刑事立法进行了小结；第三部分介绍了我国港、澳、台地区的有区域特色的环境保护刑事立法，在比较和总结的基础上以期对我国的环境犯罪刑事立法完善有所帮助和启发。

第五章分析了我国环境保护刑事立法存在的缺陷。本章首先对我国刑法没有规定而应予以犯罪化的污染环境的犯罪及抗拒环保行政监督的犯罪进行探讨，分析造成这种现象的原因，笔者认为我国现有的环境保护刑事立法中存在有关污染大气罪、污染内水罪、污染海洋罪、施放噪声危害人体健康罪以及抗拒环保行政监督罪的立法缺失。虽然1997年《刑法》和迄今为止的9个刑法修正案在一定程度上已经形成了环境保护刑事立法的框架和基本雏形，给予了环境犯罪以一定的重视，即设立了专门一节——破坏环境保护罪，同时在其他章节也规定了一些与环境犯罪相关的犯罪行为，使得我国运用刑法手段对环境资源的保护更加严厉。但是由于我国环境保护刑事立法处于初级阶段，环境犯罪的立法状况还不够科学，诸如污染大气、污染内水等危害行为尚未纳入刑法的规制范围，因而这不利于建立完整的环境保护制度，笔者对这些罪名的入刑提出了建议。

第六章中提出了完善我国环境保护刑事立法和司法的建议。针对以上几章所分析的问题，本章提出完善刑事立法的建议主要有以下几个方面：将现有的罪名专节扩展成专章，扩展后专章的名称应改为"危害环境罪"；对污染环境罪个罪的最新解析；合理确立环境犯罪体系以及改革与完善对环境犯罪人的处罚体系等。同时由于环境犯罪的特殊性，对有些普通刑事诉讼程序应加以调整、改进，以适应惩治环境犯罪的现实需要。笔者在提出立法建议的同时，对我国环境犯罪的司法实践中的立案管辖、审判管辖、起诉制度的完善等方面也提出了自己的建议，以期程序法的改革能够对实体法有相辅相成的帮助作用。

目 录

引 言 / 001

第一章 环境保护概论 / 005

第一节 环境概述 / 005

一、环境的概念 / 008

二、环境的特征 / 011

三、全球整体环境存在的问题 / 012

四、我国当前存在的环境问题 / 015

第二节 环境保护的法律责任体系 / 019

一、污染环境的民事责任 / 019

二、污染环境的行政责任 / 022

三、环境保护中的刑事责任 / 024

第二章 环境犯罪的基本理论 / 028

第一节 环境犯罪的概念及构成要件 / 028

一、环境犯罪的概念 / 028

二、环境犯罪的构成要件 / 030

第二节　环境犯罪产生的原因 / 048

一、环境犯罪产生的根本原因 / 049

二、环境犯罪产生的外部原因 / 050

三、环境犯罪产生的经济学原因 / 051

四、环境犯罪产生的社会学原因 / 055

第三章　我国环境保护刑事立法的发展轨迹 / 061

第一节　我国古代社会的环境保护刑事立法 / 061

一、殷商时期 / 061

二、唐朝时期 / 063

三、宋朝时期 / 065

四、元朝时期 / 067

五、明清时期 / 067

第二节　我国近代社会的环境保护刑事立法 / 070

第三节　我国现代社会的环境保护刑事立法 / 071

一、民法、行政法和刑法交互使用时期 / 073

二、对 1979 年《刑法》进行补充时期 / 074

三、1997 年《刑法》颁布实行时期 / 075

四、1997 年《刑法》修订和完善时期 / 077

五、小结 / 081

第四章　域外环境保护刑事立法研究 / 085

第一节　英美法系国家的环境保护刑事立法 / 086

一、英国的环境保护刑事立法 / 086

二、美国的环境保护刑事立法 / 087

三、澳大利亚的环境保护刑事立法 / 090

四、小结 / 097

第二节　大陆法系国家的环境保护刑事立法 / 102

一、德国的环境保护刑事立法 / 102

二、日本的环境保护刑事立法 / 105

三、苏联和俄罗斯的环境保护刑事立法 / 109

四、法国的环境保护刑事立法 / 111

五、奥地利的环境保护刑事立法 / 112

六、韩国的环境保护刑事立法 / 114

七、小结 / 114

第三节　我国港、澳、台地区的环境保护刑事"立法" / 116

一、我国香港地区的环境保护刑事立法 / 116

二、我国澳门地区的环境保护刑事立法 / 118

三、我国台湾地区的环境保护刑事"立法" / 119

四、小结 / 122

第五章　我国环境保护刑事立法的缺失 / 124

第一节　有关污染大气罪的立法缺失 / 124

一、增设污染大气罪的必要性 / 125

二、增设污染大气罪的可行性 / 127

第二节　有关污染内水罪的立法缺失 / 128

一、增设污染内水罪的必要性 / 128

二、域外水污染犯罪刑事立法 / 138

三、增设污染内水罪的可行性 / 144

第三节　有关污染海洋罪的立法缺失 / 148

一、增设污染海洋罪的必要性 / 148

二、增设污染海洋罪的可行性　　　　　　　　　　　／149

第四节　有关施放噪声危害人体健康罪的立法缺失　　　／150

一、增设施放噪声危害人体健康罪的必要性　　　　　／150

二、增设施放噪声危害人体健康罪的可行性　　　　　／151

第五节　有关抗拒环保行政监督罪的立法缺失　　　　　／152

一、增设抗拒环保行政监督罪的必要性　　　　　　　／152

二、增设抗拒环保行政监督罪的可行性　　　　　　　／154

第六章　我国环境保护刑事立法与司法的完善　　　　／155

第一节　我国环境刑事立法的趋势预测　　　　　　　　／155

第二节　我国环境保护刑事立法的完善　　　　　　　　／161

一、将危害环境的犯罪设立专章　　　　　　　　　　／163

二、对污染环境罪的解析　　　　　　　　　　　　　／166

三、降低环境犯罪构成要件中对传统结果的要求　　　／179

四、合理确立环境犯罪体系　　　　　　　　　　　　／181

五、改革与完善对环境犯罪人的刑罚体系　　　　　　／186

第三节　我国环境保护刑事司法制度的完善　　　　　　／187

一、环境犯罪的立案完善　　　　　　　　　　　　　／188

二、环境犯罪的起诉及其完善　　　　　　　　　　　／193

三、环境犯罪的审判管辖及其完善　　　　　　　　　／197

结　　语　　　　　　　　　　　　　　　　　　　　／202

参考文献　　　　　　　　　　　　　　　　　　　　／204

引　言

　　环境应当是全球公民所共同关注的问题,因为环境的优秀指数直接影响每个国家的经济、文化发展,公民的日常生活和身体素质,生态和物种的平衡等各个领域的问题。但随着经济的发展、城市化进程的加快以及工业化程度的提高,环境也在逐步恶化。人类在为自己的欲望需求改造世界的同时,对人类生存的基础——环境带来了巨大威胁。当意识到环境的重要性后,世界各国都不约而同地将环境视为法律应当保护的重要对象,不再忽略或者放任环境破坏者的违法犯罪行为。而这种法律调整最初是以民事侵权之诉和行政处罚的方式来处理环境污染的行为的。这种处理方式在适用了一段时间后,各国纷纷发现仅靠行政法性质的环境法律法规及其强制措施,以及承担民事侵权责任的制裁方式,远不足以预防并阻止环境违法行为的发生和蔓延。于是西方发达国家从20世纪初开始选择了以刑事责任的方式来加大惩治的力度。至今为止,在相当一部分发达国家中已经形成了非常严格和完善的环境保护刑事立法和相应的司法体系。

　　我国在环境污染犯罪的立法上起步较晚,虽然立法者、政府和公民群体都对环境问题日益重视,但是环境的实际情况却不容乐观。以人民日报的记者孙秀艳在 2013 年 6 月 17 发表的文章中的统计数据为例,2013 年在全国 74 个以新的空气环境质量标准评价的城市里,石家庄 1~4 月始终保持倒数第一或第二的水平,截至 5 月 29 日,优良天数仅有 12 天,占比仅 8.1%。邢台、唐山、保定、衡水、邯郸、廊坊一季度也都保持倒数前十名。这仅仅是我国环境污染现状的一个缩影。

2012 年 10 月 16 日网上上映了一部名叫《鸟之殇!千年鸟道上的大屠杀》的纪录片,几日之内优酷网上的点击率超过 25 万次。这部纪录片记录的是湖南、江西部分地区大规模捕杀候鸟的行为,这些灭绝人性的捕杀使得"千年鸟道"成了候鸟的"葬身之地"。报道中将捕杀候鸟的人分为三种:第一种是当地的土著居民,他们以候鸟为食,捕杀是为了满足自己对食物的需求;第二种是专业的捕杀人员,他们将捕杀的候鸟出售给城市中的各大饭店餐馆赚钱;最后一种是外来人群,他们是一群有了一定经济基础后以捕杀候鸟为乐,以此追求心理上的刺激并将猎杀候鸟的行为作为炫耀资本的人。这三种人为了一己私欲,不顾候鸟的生命、不顾环境破坏的恶行应该受到惩罚。2012 年 10 月 22 日,国家林业局在其官方网站发布信息,紧急部署制止湖南等地猎杀候鸟的违法行为,强化行政执法和监督,确保候鸟迁徙的安全。专家指出,半路截杀候鸟将对生态资源造成极其恶劣的影响。中科院广州地理研究所黄少辉教授对记者表示,候鸟的大量捕杀,将严重破坏生态环境,破坏生态链的重要环节。他指出,候鸟与湿地生态有密切关系,作为湿地生态圈的重要一环,候鸟越来越少,对湿地整体环境的影响很大,这种釜底抽薪的做法将会使得候鸟栖息地,尤其是生态旅游目的地多年后无鸟可栖。

这一事件可能只是全国乃至全球每年出现的破坏环境事件的冰山一角,但是引起了笔者深深的反思:当人类为了满足自己的私欲对环境的肆意破坏达到一个临界点时,是否也正吹响了人类灭亡的号角。更重要的是这暴露了我国关于这类行为的相关刑事保护条款的缺乏。虽然《中华人民共和国野生动物保护法》中明确规定,对捕杀、出售、收购、运输重点保护野生动物的处罚,情节严重的将追究刑事责任。但是,目前中国并没有制定关于对候鸟回归道保护的相关法律,更遑论对这种捕鸟行为科以刑事处罚。

面对如此严峻的环境保护与生态发展形势,目前国内学界对环境犯罪立法的研究现状体现为逐步加强对环境犯罪的立法研究,越来越多的学者出版了相关学术专著和文章,对我国环境保护刑事立法的完善提出了自己的观点和看法。特别是近些年来,我国法学研究的方法从单一的理论分析和理论论证走向多元化的发展方向,出现了很多与交叉学科相融合的分析方式,例如,犯罪学的分析方法、经济学中的效益价值、运用管理学对法律进行的分析法、环境自然科学与传统刑法理论研究相结合的分析方法等。因此,笔者在动笔之初就认为本书应当紧跟当前环境犯罪研究方法论这一新视角,在以刑法为视角对环境问题进行研究的同时,研习环境学、生态学、伦理学、哲学等其他交叉学科的背景知识,并从大法学的视角对经济法学、环境法学、法理学、诉讼法学等学科的理念与知识进行全面分析。

具体来说,本书从"环境"这一基本概念入手,分析了破坏环境的行为现有的三种法律责任体系。认为民事责任和行政责任的承担还不足以完全遏制住严重的破坏环境行为,应引入必须加强对严重破坏环境的行为严格追究刑事责任这一理念。在分析我国现有环境犯罪的概念和构成要件的基础上,认为我国现有的环境犯罪个罪的规定远不足以满足现有环境犯罪现状的需求。笔者接着进一步列举了我国古代环境保护刑事立法发展的历史轨迹,同时详细分析论述了现有的世界其他发达国家和地区的先进立法,以此和我国的立法进行对比,引出了我国现有环境保护刑事立法的不足与缺失,在提出缺失点的基础上对环境保护刑事立法的完善提出自己的观点,探究环境犯罪从严立法趋势的路径。

同时笔者也意识到,刑罚只是一种事后的处罚方式。对于环境犯罪这一特殊犯罪种类来说,对犯罪人在犯罪后的刑罚并不足以解决严峻的环境污染问题。在这类犯罪中刑法的预防功能应该优于惩罚功能。而要预防犯罪就要首先了解犯罪产生的原因及特点。因此在顺应上述的研究路径中,笔者运用了犯罪学中的犯罪原因分析法,从社会学、经济学、犯罪人自身的角度出发进行研究,探索能够有效预防犯罪的立法模式。

综上所述,本书旨在遵循现代环境保护的理念,总结西方发达国家和地区对于环境保护刑事立法的相关经验,分析我国对于环境犯罪惩处的立法现状与困境,为构建国际一体化的环境资源刑事保护制度提出一些立法及司法中的改革建议,从而使得我国经济在向发达国家看齐的同时,环境保护的刑事立法也能符合现代社会发展的需要。

第一章　环境保护概论

第一节　环境概述

地球上生命的历史一直是生物及其周围自然环境相互影响和作用的历史。不夸张地说,地球上植物和动物的自然形态和生存模式都是由环境塑造而成的。在地球的整个繁衍的历史长河中,生命改造环境的反作用实际上一直是相对微小的,仅仅在出现了生命新物种——人类后,生命才取得了改造大自然的革命性胜利。这种力量起初在地球史上是值得纪念和欣喜的,但是随着人类改造范围的不断扩大,这种改变已经达到了破坏性的质变。人类的贪婪本性及对利益的追求是与生俱来且永无止境的,而用以满足人类需求的自然资源和环境却相对有限。地球只有一个,对自然资源毫无节制的掠夺终会迎来资源枯竭的那一天。

在人类对环境的所有破坏中,最令人担心的是使大气、土地、河流以及海洋受到了危险的甚至致命的物质的污染。这种污染在很大程度上是难以恢复的。这一破坏集中开始的标志就是 18 世纪开始的全球工业化运动。这场运动极大地推动了生产力的发展,在人类社会发展史上简直就是质的飞跃,今天的我们每时每刻不在享受这场工业革命所带来的福利。但是与此同时,环境污染、资源破坏及生态失衡也摆在了世人面前。土地沙化、物种灭绝已呈泛滥迹象。大气污染使大气中温室气体含量增加,引起地球平均气温上升的温室效应也非常明显。据统计数据表明,目前每年有 50 种生物从地球上消失。人类燃烧的矿物燃料每年向大气排放 50 多亿吨二氧化碳,近 100 年大气中二氧化碳浓度已经增长了 25%。温室效应使地球气候变暖,导致极地冰川融化,海平面上升。如果我们对二氧化碳的排放不加限制,到 21 世纪末全球气温将上升 2 ~ 5℃,海平面将升高 30 ~ 100 厘米,许多低海拔的沿海国家和地区,例如马尔代夫将被海水吞没。可见环境的改变如今已经威胁到了人类的基本生存。

环境学的相关研究结果表明,目前全球存在着十大环境问题,也有人将它形象地称为十大"环境炸弹":

(1)臭氧层的损耗;

(2)水资源危机;

(3)森林锐减;

(4)酸雨污染;

(5)土地荒漠化;

(6)垃圾成灾;

(7)生物的多样性遭破坏;

(8)海洋污染;

(9)有毒化学品污染;

(10)温室效应加剧。

现实表明,人类在为自己的欲望创造世界的同时,也带来了对人类生存基础本身的威胁,陷入自我创造的困境中。正如恩格斯在他的著作中提到的："我们不要过分陶醉于我们人类对自然界的胜利。对于每一次这样的胜利，自然界都对我们进行报复。每一次胜利，起初确实取得了我们预期的结果，但是往后和再往后却发生完全不同的、出乎预料的影响，常常把最初的结果又消除了。"[1]这一观点说明我们不能为了满足发展需求而对环境为所欲为，自然不是人类任意奴役的对象。相反，人是受自然制约的。那种认为既然自然的水、空气、山脉、矿产、森林、其他物种是自然的馈赠，人类可以任意挥霍而完全不考虑后果，不承担环境保护义务的观念已经被证明是绝对错误的。人类总是以自我为中心的发展模式并非不受限制，人类不能只把目光放置在自身利益产生的最大化上，同时也要注重自然中非人类自身的利益和价值。相对于其他物种和资源来说，人类是和他们平等存在且互相制约的，人类并不比鸟类或是猩猩高等许多，我们没有权利为了满足自己的私欲而随意屠杀他们。这种全新的环境生态意识必须树立，进而以一系列的环境立法作为实际操作中的坚强后盾和法律保障。正如日本学者原田尚彦所说："环境的破坏与污染是伴随着社会的高度产业化而出现的现象。环境问题，无论资本主义国家还是社会主义国家，是世界先进国家中共同的烦恼。"[2]环境在质与量上都受到极大规模的破坏，自然灾害频发，气候日益恶劣引起的各种危险在全世界范围内迫使立法者不得不采取多种法律保护的措施来约束人们对环境的危害行为。与此同时，破坏环境的问题日益严重，原有的部门法律都受到现实破坏环境行为的挑战，为此国际社会与世界各国都在积极寻求一种协调经济发展与环境保护的规范性措施，包括运用环境保护刑事立法予以调整。如何运用适宜的刑罚手段控制严重破坏环

---

[1] 马瑞丽、吴宁："论恩格斯的自然辩证法及其当代意义"，载《自然辩证法研究》2013年第5期。

[2] [日]原田尚彦：《环境法》，法律出版社1999年版，第2页。

境的行为已经成为各国立法者共同面临的一道严峻难题。

我国是世界"八大环境问题国之一",由于国土辽阔、人口众多,环境问题处理结果的好坏对于亚太地区乃至全球的影响都是巨大的。在我国每年的经济增长数据的背后,有多少黑色数据是我们刻意去忽略的:例如,目前我国由于环境污染和破坏,每年造成的直接经济损失达700多亿元人民币;我国每年水土流失的土壤量达50亿吨,约占全世界流失总量的90%;由于人为破坏和自然灾害的影响,我国有33.4万平方公里的土地受到沙漠化威胁,离首都最近的沙漠化土地离京仅有90多公里,北京每年几次的沙尘暴都让我们切实感受到了大自然对我们人类暴行的报复。这一切都要求我国的立法机构必须通过立法的形式,全面、科学、严谨地制定出可行的环境法律体系,对保护环境资源的行为予以认可和支持,对破坏环境资源的行为予以制止和惩罚,而对于严重破坏环境的行为予以刑罚的制裁。这既是当前世界环境刑法的立法主题,也是我国环境刑法面临的挑战。

一、环境的概念

在探讨环境犯罪的种种问题之前,必须先透彻分析环境一词的含义。环境的文字意思是相对于中心事物而言的背景,环境包括地球表面与人类发生相互作用的自然要素及其总体。地球是太阳系九大行星中地球型行星之一。在太阳系的九大行星之中,水星、金星、地球和火星属地球型行星。体积更大的木星、土星、天王星和海王星属于木星型行星。在这九大行星中地球诞生于距今约46亿年前,是目前唯一已知具备生物生存条件的星球。其中我们又将已知生物分为植物和动物两大类。人类是被确认的其中140万分之一。

地球呈圈层构造,分为内部圈层和外部圈层。内部圈层包括地核、地幔和地壳。外部圈层为水圈、大气圈和生物圈。地球的面积为510 067 866平方公里,其中海洋面积约占71%,陆地面积约占29%。

由此可见环境是一个围绕人类的由各种相关要素组成的相互联系、相互作用的动态系统。[1]环境既是人类生存与发展的基础,也是人类开发和利用的对象。对环境的概念,我们可以从广义和狭义两个方面进行研究。

狭义的环境主要针对自然因素而言,包括水、空气、生物、土壤、岩石以及阳光等。对自然环境通用的定义大多以环境的狭义理解作为基础而确立。

广义的环境,一般认为除了包括自然因素以外,还应包括有关的人文环境,即社会因素。而世界各国通用的从环境保护学的视角所做的定义基础大多来自于广义的环境概念。例如联合国环境署所编写的标准教程《环境法教程》对环境定义的规定就是:"任何一个环境的一般定义最好完整地包括所有的影响地球上的生命的有生命的和无生命的因素以及它们之间的相互作用。它包括有生命的和无生命的资源两部分。有生命的资源包括动物(其中包括人类)、植物和微生物。无生命的资源由两部分组成:其一是行星的物质生命支持系统,如地理、水文、大气、物质和能源。其二是包括人造环境在内的,历史的、文化的、社会的和美学的成分。"[2]该教程还列举指出,加拿大、斯洛文尼亚、埃及、泰国、澳大利亚等国环境法中对环境的定义,无不包括这两方面的资源在内。

我国《环境保护法》对环境的定义也是从广义的角度去研究的:"本法所称环境,是指影响人类生存和发展的各种天然的和经过人工

---

[1]　郭建安、张桂荣:《环境犯罪与环境刑法》,群众出版社2005年版,第2页。
[2]　联合国环境规划署:《环境法教程》,王曦等译,法律出版社2002年版,第3页。

改造的自然因素的总体,包括大气、水、海洋、土地、矿藏、森林、草原、湿地、野生动物、自然遗迹、人文遗迹、自然保护区、风景名胜区、城市和乡村等。"[1]显然,在这个定义中环境的概念既包括了自然因素,也包括了社会因素。

无论对环境的定义是狭义的还是广义的概括,它们本质的共同点在于作为环境基质的各种要素虽然是独立的,但是它们之间又是通过物质转换和能量传递两种方式密切联系和相互作用的,并因此构成了环境整体。对其中一个要素的破坏,必然会对其他要素产生影响,最终对环境的整体状态造成破坏。对环境质量的判断,一般都从各个环境要素构成的整体状态来作出。我们身边发生的影响某一环境要素的一些个体行为,可能最终导致环境问题。反之亦然,一些有利于保护环境的举手之劳,也可能产生良性的环境效果。比如我国很多城市和地区目前正在推广的垃圾分类行动,就是很好的能产生良性的环境效果的例子。

各国在制定环境相关立法的时候,首先需要解决的问题是对环境的概念进行界定。因为概念对于立法来说是一个根本的奠基石。各国根据自己本国的需求对环境的概念作出了不同的理解,笔者概括来看,目前世界各国立法关于环境的法律定义大致包括三种模式:一是概括式,即对环境概念进行抽象的定义;二是列举式,这一立法模式便于司法操作,它并不同于概括式的抽象界定,而是以演绎法的方式列举出环境概念的所有具体环境因素;三是综合式,这一立法模式明显是严谨的立法传统国家的产物,这一方式既抽象地对环境概念的内涵和外延进行了概括性的描述,也同时列举出环境概念所包含的具体的环境因素,这一方式的立法本意应当是尽可能地避免由于法律规定的

---

〔1〕 张梓太主编:《环境与资源保护法学》,北京大学出版社 2008 年版,第 7 页。

不明确带来的不同司法审判结果的差异。笔者分析以上三种模式不难看出，综合式是较为全面具体地对环境加以解读的较好的模式。

我们今天赖以生存和发展的环境，是由简单到复杂、由低级到高级发展而来的。它既不是单纯地由自然因素构成的，也不是单纯地由社会因素构成的，而是在自然背景的基础上经过人类的改造加工而逐渐形成的。它凝聚着自然因素和社会因素的交互作用，体现着人类利用和改造自然的性质和水平，影响着人类的生产和生活，关系着人类的生存和健康，反映着社会的文明程度的高低。

二、环境的特征

环境是以人类为主题的客观物质体系，它具有整体性、区域性和变动性等三个基本特征。

环境的整体性是指环境的各个组成部分和要素之间构成了一个有机的整体。在不同的空间中，大气、水域、土壤、植被乃至人工生态系统等排布相对确定，而且能够相互作用、相互影响，因而具有一定的结构。通过相对稳定的物质能量流动网络以及彼此关联的动态变化规律，在不同的时刻会呈现出不同的状态。环境的这种整体性使其成为一个叫作环境系统的构造。

环境的区域性是指环境在各个不同层次或不同空间的地域，其结构方式、组织程度和能量物质流动的规模、途径、稳定性程度等都具有相对的特殊性，从而显示出区域的特征。

环境的变动性是指在自然和人类行为的共同作用下，环境系统的内部结构和外在状态始终处于不断变化的过程中。当人类行为引起的环境结构与状态的改变不超过一定的限度时，环境系统的自动调节功能可以使这些改变逐渐消失，使结构和状态恢复原有的面貌。人类对环境的改变是双重性的，可以通过自身的行为促进环境产生适合人类生存的良性变化,但是同时也可能使环境产生不可逆转的恶性退化。

环境所独有的这些基本特征是人类处理自身与环境的相互关系的前提。只有很好地理解和把握了这些特征,人类才能正确处理自身与环境的关系,才能既充分利用环境最大限度地生产为人类发展所必需的产品,又不过分恶性消耗和破坏环境资源,实现真正的可持续发展。

三、全球整体环境存在的问题

自然环境是人类生存、繁衍的物质基础。为了自身的存活和发展,人类不断地向环境索取资源。在人类历史的早期,地球承受的人口负担不大,自然环境完全能满足人类的需求,人类对环境也没有造成明显的毁坏和影响。然而随着人口的增加和工业革命的进行,人类对资源的耗费不断增加,对环境的影响不断增大。人类生存和发展所依赖的环境出现了越来越多的问题。

一般来说,环境问题是指由于自然界或者人类活动使环境质量下降或者生态失调,进而对人类社会的经济发展、身体健康甚至生命安全及其他生物产生有害影响的现象。其中自然界的运动引起的环境问题,例如地震、火山爆发、海啸、泥石流、洪水、干旱、风暴、雷电等自然灾害,称为原生或者第一类环境问题。而由于人类活动引起的环境问题,则称为次生或者第二类环境问题。[1] 由于人类能量有限,我们目前尚不能控制第一类环境问题,我们的研究和立法都旨在解决第二类环境问题。在人类历史上相当长的一段时间里,人类对于自己造成的第二类环境问题并没有认识。直到 20 世纪 60 年代初,美国海洋生物学家卡逊女士出版了《寂静的春天》一书,通过描写因使用农药杀死

---

〔1〕 韩德培主编:《环境保护法教程》,法律出版社 2003 年版,第 3 页。

害虫的同时对其他益虫、鸟类、鱼类的生态环境也造成影响，以至于之前鸟语花香的新英格兰山谷陷入死般沉寂，才揭开了人类反思自己的行为所造成环境问题的篇章。

随着人类社会经济活动的规模、深度和广度的发展，特别是第二次工业革命以来，第二类环境问题一直急剧涌现，现在已经成为全人类所面临的最严峻挑战之一。根据联合国有关机构的调查结果显示，目前比较严重的环境问题包括资源速减、环境污染和生态破坏、废物转移、噪声污染等。而本书中所讨论的环境犯罪的立法所惩治的环境犯罪行为也是针对第二类环境问题而产生的。因此，笔者总结了以下八种第二类环境问题的主要表现。

（一）资源枯竭

资源主要是指矿物、土地、水、森林、野生动植物等自然资源。在地球上现存的资源中，石油、煤、天然气等能源和铁、铜、锡等工业原料都是经过数亿年时间才能生成的，被称为不可再生资源。即使是森林等可再生资源也需要上百年的时间才能实现再生。随着人口的不断增加和人类开采资源的技术与物质生活水平的不断提高，对于地球所存资源，尤其是不可再生资源的消耗也不断加大。如果对于资源的开发不加以限制，便可能耗竭自然资源，人类的文明史就将中断。

（二）土壤破坏

土地破坏已经成为全球生态恶化的主要问题之一，是威胁人类生存和发展的一项全球性灾难。根据联合国最新统计数据表明，目前全球由于受到污染而不能再进行作物的种植和牲畜的放牧的土地大约在 2000 万公顷，损失的地球表面土地为 230 亿吨到 260 亿吨。而且从现在起到 2025 年，人均耕地面积将从 0.28 公顷降低到 0.17 公顷。[1]

---

〔1〕 金鑫主编：《世界问题报告》，中国社会科学出版社 2012 年版，第 449 页。

（三）酸雨污染

酸雨通常是指 pH 值低于 5.6 的降水。酸雨污染首先出现在欧洲和北美洲,现在已经出现在拉丁美洲和亚太的许多地区。酸雨污染与人类向大气中排放二氧化硫有着密切的联系。根据统计,人类每年向大气层排放二氧化硫大约 1 亿吨。全世界城市人口有一半左右是生活在二氧化硫超标的大气环境中的。科学家指出,酸雨问题可能是未来几十年影响全球生态系统的最严重的环境污染危机。[1]

（四）淡水污染

淡水是人类日常生活中最重要的资源之一。然而地球上的淡水资源正遭受着越来越严重的污染。据统计,全世界每年排放的污水达到 4000 多亿吨,从而造成 5 万多亿吨水体被污染。世界卫生组织指出,全球每年至少有 1500 万人死于食用被污染的水而引起的疾病。在发展中国家,80%～90% 的疾病和 1/3 以上死亡者的死因都与受细菌感染或受化学污染的水有关。现在,每天有 2.5 万人死于通过水传染的疾病。

（五）全球气候变暖

超出自然正常机理的温室效应所导致的全球气候变暖严重威胁着整个人类的生存和发展。权威的 IPCC 组织的报告指出,在 21 世纪,全球变暖将比 20 世纪更为严重。根据预测,到 2050 年,地球表面平均温度将比现在升高 2.5 摄氏度;在未来 100 年内,地球表面平均温度将可能上升 5.8 摄氏度。如果人类不采取措施控制气候变暖问题,2050 年的全球海平面将平均升高 30～50 厘米。届时世界各地海岸线的 70%、美国海岸线的 90% 将被海水淹没。众多世界著名的一线城市,例如纽约、悉尼、东京、台北、曼谷、威尼斯、上海、阿姆斯特丹

---

〔1〕 金鑫主编:《世界问题报告》,中国社会科学出版社 2012 年版,第 501 页。

等都将局部或者完全被海水淹没。[1]

（六）森林面积锐减

森林对人类的生存和社会、经济的发展起着至关重要的作用。目前全世界的森林面积正在急剧减少。在20世纪90年代,森林以每年1610万公顷的速度减少,这相当于比利时、荷兰和瑞士国土面积的总和。过去10年间,热带雨林面积每年损失1520万公顷。

（七）生物多样性危机

生物多样性是人类社会持续发展的关键条件之一。由于人类社会在过去几个世纪的极度扩张和对大自然的过度开发,目前许多生物物种已经灭绝或者濒临灭绝。据统计,世界上每年至少有5万种生物物种灭绝,现在全球物种灭绝的速度比自然速度快80~100倍。[2]

（八）臭氧层被破坏

臭氧层变薄甚至出现空洞是地球环境出现严重问题的一个征兆。如果臭氧层中的臭氧含量减少10%,地球上的紫外线辐射将增加19%~22%,皮肤癌的发病率将增加15%~25%。早在1985年时科学家就首次指出,南极上空有美国国土面积那么大的臭氧层空洞。1998年这个空洞已经扩大到了2720万平方公里,是13年前的3倍。与此同时,北极的臭氧也在减少。到2012年为止北极的臭氧层已经有2/3受损。有人预测,到2075年,整个地球上空的臭氧层将比1985年减少40%。[3]

四、我国当前存在的环境问题

我国古代的生态环境较为优良。据史书记载:周朝时期,黄土高

---

[1] 金鑫主编:《世界问题报告》,中国社会科学出版社2012年版,第514页。

[2] 同上,第472页。

[3] 同上,第494页。

原的森林覆盖率达到50%以上，东北、四川和云南地区的森林覆盖率则高达80%~90%。秦朝至西汉时期人口增长加快。到公元2年时，人口陡增至5959万。为了解决粮食问题，国家鼓励屯垦戍边。在秦朝，曾迁徙平民几万人到河套平原屯垦。西汉时，更是大规模地开展了开垦荒地活动。仅汉武帝年间，为开垦黄土高原上的游牧区，就迁徙了70万人之多。西汉时期共开垦田地827万顷。黄河中游的剧烈开垦破坏了生态环境，直接导致了严重的水土流失，黄河泥沙含量剧增并开始出现泛滥。唐宋金元时期（7~13世纪），中国人口再度上升，农垦活动加剧，植被和生态平衡受到极大破坏。从唐代起，中国的环境质量每况愈下，唐后期黄河开始频繁泛滥，黄河泥沙含量到宋代已达50%以上，宋朝执政300多年中黄河决口达50次之多。由于生态环境的破坏，土壤逐步退化，沙漠化问题日益严重。明清以后，随着人口的继续增长和森林等植被的进一步被破坏，水土流失达到空前严重的程度，黄河泥沙含量在明代达到60%，清代达到70%。在明朝统治的近300年时间中，黄河决口127次。清朝200多年中，黄河决口200多次，几乎每年到了汛期黄河就会毫无例外地决堤。沙漠化灾害也日趋严重，中西部许多古城都在那时消失在了流沙中。

中华人民共和国成立后，很长一段时间里环境资源的问题也并未受到政府的重视。大跃进时期群众性的大炼钢铁运动既造成了大量的资源浪费，又造成了严重的环境污染。在农业方面，片面地强调"以粮为纲"，大规模地开荒毁林、围湖造田，使我国的生态环境遭到破坏。虽然自20世纪70年代以来，我国政府开始有意识地进行环境保护工作，但由于我国已形成的破坏太多，加上改革开放后我国工业化、城市化发展的加快，因而当前的环境资源问题仍然面临十分严峻的形势。主要具体表现为以下几个方面。

（一） 环境污染

除了前文提到的各国共同存在的水体污染和大气污染问题之外，我国的环境污染还存在噪声污染和固体废物污染。

噪声污染是城市四大公害之一。2009 年对全国 273 个城市进行了道路交通噪声监测，其中 9.5% 的城市污染较重，16.9% 的城市属于中度污染，48.7% 的城市属于轻度污染，只有 25.3% 的城市区域噪声环境较好。

随着我国工业化和城市化进程的加快，我国的固体废物污染也相当严重。2011 年，全国工业固体废物产生量为 88.7 亿吨，比上年增加 1.61 亿吨。工业固体废物排放量为 4893.8 万吨。而我国的城市生活垃圾每年的产生量也达到了数亿吨，并且绝大多数未经过无害化处理，许多城市陷入垃圾的包围之中。

（二） 生态破坏

中华人民共和国成立 60 多年来，我国的耕地面积大量减少，人均占有率较 1957 年减少了近 3/5。森林破坏现象也比较严重，目前我国的森林覆盖率比世界平均水平低了 10 个百分点。森林遭到破坏还导致了严重的水土流失和自然灾害的加剧。我国人均占有草地仅有 0.33 公顷，为世界人均面积的一半，而且我国草地多为低品质的草地。目前我国有 90% 的可利用天然草原不同程度地出现退化，草地生态环境形势十分严峻。同时由于森林覆盖率降低，土壤和草原退化，我国水土流失现象也相当严重。全国现有水土流失面积 356 平方公里。长久以来的黄河流域水土流失问题至今也未得到根治。

随之而来的还有近些年来日趋严重的土地荒漠化问题。这也是形成近期大家讨论全国多个城市的空气 PM2.5 指数超高的重要原因之一。我国目前有荒漠化土地面积 262.2 万平方公里，占国土面积的 27.3%，并且土地沙化每年以 2460 平方公里的速度在扩展。土地荒漠化的另一个后果是全国范围内沙尘暴发生频率加快。以北京为例，距离北京最近的沙漠叫作"天漠"，位于怀来县小南辛堡镇西南部的龙宝山，距北京约90公里，与八达岭长城、康西草原一线贯通，由群山、戈壁、沙漠、湖泊构成。沙漠距离如此之近也导致北京近几年沙尘天气出现的频率之高、程度之严重，以至于成为北京一景。目前我国的主要沙源区集中在甘肃河西走廊及内蒙古阿拉善高原区、内蒙古中部农牧交错带及草原区、南疆塔克拉玛干沙漠周边地区、蒙陕宁长城沿线旱作农业区。

（三）资源短缺

虽然我国各项资源的储存总量在世界各国中排名前列，但是人均占有量远远不足。例如我国人均水资源只相当于世界人均水资源占有量的1/4，居世界第110位。在我国近700个城市中，有300多个城市缺水，100多个城市严重缺水。许多城市的生活和工业用水主要依靠地下水，而地下水的过度开采会形成地下水降落漏斗，严重的甚至会形成地面塌陷。例如黄河、淮河海河等地区由于地下水开采量和降水量之间的巨大落差，造成地下水位不断下降，地下水降落漏斗面积及漏斗中心水位埋深在不断增大；另外像河北、河南等省份包括豫北地区和山东西北地区的地下水降落漏斗已经绵延成了一个整体，甚至包括北京和天津的地下水降落漏斗也与之相连，形成了一个面积超过4万平方公里的巨大地下空洞。

矿产资源是推动工业经济发展的一个重要支柱，我国的矿产资源总量居世界第三位，但人均占有量只有世界平均水平的58%，个别矿种甚至居世界百位之后。近年来，我国矿产资源的探明储量与开采量的比例在逐年下降，相当部分矿产资源的探明储量表明在不久后已不能满足需求。

第二节　环境保护的法律责任体系

法律责任是由于违反了法定义务、约定义务或因法律有特别规定,法律迫使行为人或其关系人承受的一种不利的法律后果。[1]而环境保护的法律责任,是指行为人之行为违法、违约或基于法律特别规定,造成环境损害或可能造成环境损害时,行为人应承担的不利的法律后果。[2]违反了法定的环境义务将导致环境保护法律责任的产生。违反环境法律、法规所产生的环境保护法律责任是一种最为常见的法律责任。以我国为例,大多数行为人的违法行为大致分为两种,即因环境污染行为造成的损害和因不本着可持续发展的策略而进行的不合理自然资源的开发。

经济基础决定上层建筑,上层建筑对经济基础具有反作用。随着我国国民经济的不断发展和国际环境保护理论的日益影响,我国的环境保护法律责任也呈现出日益具体化和系统化的特征。总体来说,我国现有责任承担方式分为环境保护民事责任、环境保护行政责任和环境保护刑事责任三类。而我国《民法通则》中进一步规定了,对承担民事责任的公民、法人需要追究行政责任的,应当追究行政责任;构成犯罪的,对公民、法人应当依法追究刑事责任。可见这里对环境保护法律责任的特别规定之处在于,三种法律责任既可以单独使用,也可能因同时使用而产生双罚制甚至三罚制的。

一、污染环境的民事责任

污染环境的民事责任是指行为人因污染或破坏环境,侵害了国

---

[1]　张梓太主编:《环境与资源保护法学》,北京大学出版社 2008 年版,第 156 页。
[2]　同上,第 157 页。

家、集体财产或者他人财产与人身权利而应当承担的民事法律责任。

《中华人民共和国环境保护法》（以下简称《环境保护法》）第6条规定："企业事业单位和其他生产经营者应为防止、减少环境污染和生态破坏，对所造成的损害依法承担责任。"这一规定明确认定了我国污染环境行为的民事责任种类首先是一种侵权行为责任。这一责任的产生主要是因为行为人的行为侵害了他人的合法环境权益时所需要承担的一种责任。

我国法律规定的承担环境保护民事法律责任的方式也普遍采用的是排除危害、赔偿损失和恢复原状或返还财产这几种比较常规的做法。这些民事责任的承担方式在对环境侵权的特殊行为上没有考虑到与之相适应的特别方式。因此对于预防进一步的严重污染行为没有明显的作用。

（一）民事责任的构成要件

要构成污染环境的民事法律责任，一般应具备以下四个构成要件：发生损害事实、行为与损害事实之间具有因果关系、行为具有违法性、行为人主观上有过错。要构成污染环境的民事责任时后三个要件须具备一定特殊性。

1. 损害事实

损害事实是构成民事法律责任，特别是损害赔偿民事法律责任的必备要件。在通常情况下，违反民事义务并且侵犯他人权利的行为，已经对受害人造成了财产或者人身损害。如果行为还没有对受害人造成实际损失的，就不构成侵权行为，同时行为人也就不需要承担破坏环境的民事责任。

2. 行为与损害事实之间的因果关系

一般民事责任通常采取"相当因果关系"，即行为与损害结果之间具有客观的、本质的、必然的联系，而且还必须由原告举证来说明这种因果关系的存在。而环境保护民事责任在这点上具有的特殊性是原告不再承担如此严格的举证责任，取而代之的是以"因果关系推定论"作为举证证明的标准依据，即侵权行为与损害结果之间只要有"如无该行为，就不会发生此结果"的程度的可能性，就能认定行为和结果之间的因果关系。除非被告能够提出相反的证据证明有其他因素导致结果的发生而非自身的行为，否则就要承担败诉的法律后果。

3. 行为的违法性

行为的违法性是构成一般环境保护民事责任的要件，但是在一些特殊法理中，可以不把行为的违法性作为要件。例如一个企业在符合国家污染物排放标准的情况下排放污染物，虽然排放行为是合法的，但是如果该行为所产生的环境污染仍然对周围居民的财产和人身造成了损害，仍然可以要求该排污企业承担一定的民事责任。

（二）无过错责任

在环境法中对破坏环境行为人大多实行的是过错责任原则。在民法上过错责任原则也是一个普遍原则，即加害人主观上有故意或者过失是承担民事责任的一个必要前提条件。但是其他许多国家在环境污染危害中实行的都是无过错责任原则。所谓无过错责任是指一切污染、危害环境的单位或者个人，只要自己的污染、危害环境行为给他人造成财产或者人身损害，即使自己主观上没有故意或者过失，也要对其所造成的损害承担赔偿责任。

当然由于无过错责任对行为方有些过于苛刻，因此一些采用无过错责任原则的国家在实行该项原则的同时，也规定了某些限制条件，每个国家限制条件的规定各不相同。例如日本的民法在公害的损害赔偿方面，只对因大气污染和水质污染造成的损害实行无过错责任原则,且只限于生命健康的损害,不包括财产损失。[1]但是我国《环境保护法》对无过错责任却未做明确的限制,并且还对无过错责任规定了相应的免责条件。免责条件是指污染环境造成他人财产或人身损害时,因具备法律规定的可以免除责任的条件而不承担民事法律责任。世界各国共同承认的免责条件主要有:战争、不可抗拒的自然灾害、因正当防卫和紧急避险而造成的损害、由于第三人或者受害人的过失所引起的情况等。我国《环境保护法》所规定的免责条件也基本在此范围内。

二、污染环境的行政责任

行政责任是指行为人因违反环境资源行政法律规范或不履行行政法律义务而依法应承担的行政法律后果。它主要是针对那些属于轻微违法或者违反行政纪律,尚不够追究刑事责任,因而只能从行政上追究违法者的法律责任的情况。

根据污染环境的行政责任承担主体的不同,可以将其分为环境资源管理主体所应承担的行政责任和环境资源行政相对人所应承担的行政责任。环境资源管理主体所应承担的行政责任是指具有一定环境资源行政管理职权的机构及其工作人员因违反环境资源法或其他有关法律规定而应承担的法律责任,这类责任主要包括:撤销违法行政行为、履行法定职责、赔偿行政相对人损失和行政处分。此外还有赔礼道歉、恢复名誉、消除影响等较轻的责任形式。而环境资源行政相对人所应承担的行政责任是指因环境资源行政相对人违反环境资源法或未履行环境保护义务而受到的环境行政处罚和行政处分。

---

〔1〕 张梓太主编:《环境与资源法学》,北京大学出版社 2008 年版,第 126 页。

（一）污染环境的行政责任的构成

只有当行为人具备以下三个要件时，才需要承担污染环境的行政责任。

第一，行为人实施了法律所禁止的行为或违反了法律规定的义务。

第二，行为人在主观上有过错。但是我国的一些环境立法中没有就行为人主观上是否有过错这一点作出明确的规定，这也造成了在司法实务界中处罚依据不统一的隐患。

第三，行为人的行为要产生一定的可达到行政处罚程度的危害结果。

（二）污染环境的行政责任的种类

1. 行政处分

行政处分是指国家机关、企事业单位按行政隶属关系，对轻微违反环境保护法律法规及其他法律法规或违反内部纪律的所属工作人员的一种制裁方法，也被称为纪律处分。

我国的一些环境保护法律法规就明确规定了对于一些环境行政违法行为要给予行政处分。如《环境保护法》第59条规定："企业事业单位和其他生产经营者违法排放污染物，受到罚款处罚，被责令改正，拒不改正的，依法作出处罚决定的行政机关可以自责令改正之日的次日起，按照原处罚数额按日连续处罚。"

2. 行政处罚

行政处罚是指国家行政机关依法对违反环境资源法律、法规或其他行政管理法规应受惩罚的行政管理相对人给予的行政制裁。

根据《中华人民共和国行政处罚法》（以下简称《行政处罚法》）及有关环境资源法的规定，我国在环境保护领域适用的行政处罚种类主要有警告、罚款、吊销执照或者许可证、责令停止生产或者使用、责令停业关闭、没收财物、行政拘留等。

三、环境保护中的刑事责任

刑法介入环境保护已经成为正确处理人与生态环境以及发展关系可以利用的重要途径之一,这一观点已经被理论界和实践部门所普遍接受。但是在如何决定刑法介入环境保护的问题上,探讨甚少。目前为止我们所沿用的都是刑法中现有的相关法条规定。

(一) 刑事责任构成的积极要件

所谓积极要件,是指行为人的行为符合刑法分则规定的犯罪构成。按照现行刑法中的犯罪构成理论,构成环境保护中的刑事责任要符合以下四个要件。

1. 犯罪客体

所有的犯罪都要侵犯一定的客体,即侵犯某一种为刑法所保护而为犯罪行为所侵害的社会关系。我国刑法中的各种环境犯罪,除了侵犯国家的环境保护制度这一共同客体外,还分别侵犯了某一具体领域的环境保护制度,例如重大环境污染事故侵犯了国家的污染防治制度,盗伐、滥伐林木罪侵犯了国家的林木管理制度。这些制度归根结底是要保护一种利益,这种利益既牵涉公民的环境权,也事关社会和经济的可持续发展。

2. 客观方面

犯罪的客观方面是指犯罪活动客观的、外在的表现。一般而言它包括行为以及行为方式、行为对象、危害结果、情节以及犯罪活动产生的特定时空条件等要素。其中行为包括行为方式是任何一种犯罪所必须具备的要素,在刑法理论中我们称为必要要件。剩下的其他要素称为选择性要件,即只有在某个罪的罪状描述中明确要求要有某个或几个选择性要件时才能将其作为该罪的必要要件来认定。具体看环境犯罪中,每个罪名都有一定的客观方面的行为表现,且行为多以作为的方式表现,例如,重大环境污染事故罪要求有向土地、水体、大气排放、倾倒或者处置危险废物和有毒物质的行为,盗伐、滥伐林木罪要有违反规定的盗伐和滥伐的行为等。也有少量罪名是以不作为方式构成的,例如《刑法》第408条规定的环境监管失职罪,要求行为人有不履行法律和职务要求的环境保护监督管理职责的行为,或者在履行过程中严重不负责任,造成重大环境污染事故的,构成该罪。该罪就是一个典型的不作为犯罪。除此之外,虽然行为对象并不是所有的犯罪都要求具备的要件,但是在环境犯罪中是必要要件。也就是说所有的环境犯罪都要求有一定的行为对象,如"非法处置进口固体废物罪"中的"废物","非法捕捞水产品罪"中的"水产品"等。

在那些要求以结果作为构成要件的环境犯罪中,则必须出现法定的结果,而且结果与行为之间存在因果关系才能构成该罪。并且有的环境犯罪以"情节严重"为构成要件,例如非法捕捞水产品罪、非法狩猎罪等。还有的环境犯罪有特定的时空要求,例如非法捕捞水产品罪必须是在"禁渔区、禁渔期"。

3. 犯罪主体

犯罪主体是实施犯罪行为,依法应对自己的罪行负刑事责任的自然人或单位。在我国刑法"破坏环境保护罪"一节中的所有犯罪都可以既由自然人构成,也可由单位构成,该节的主体均为一般主体。但广义上的环境犯罪中有的主体是特殊主体,例如环境监管失职罪的主体是负有环境保护监督管理职责的国家机关工作人员;非法批准征用、占用土地罪和非法低价出让国有土地使用权罪的主体也是土地管理部门等国家机关的工作人员,并且这些犯罪只能由自然人成立,单位不能成为该罪主体。

4. 主观方面

犯罪主观方面是指犯罪主体在进行犯罪活动时的思想活动。根据我国刑法的相关规定,犯罪必须出于主观上的过失或者故意,否则不承担刑事责任。环境犯罪也要符合此要件要求。例如重大环境污染事故罪的行为人主观上必须有过失,非法处置进口固体废物罪的行为人主观上必须有故意。此外,有的罪名除了要求行为人主观上具有故意或者过失的要素外,还有相关的犯罪目的的要求,例如非法收购盗伐、滥伐的林木罪就要求行为人要以牟利为目的。

(二) 刑事责任构成的消极要件

所谓消极要件是指对表面上符合刑法分则某一犯罪的构成要件,根据刑法的其他规定,依法免除或者减轻刑事责任的情况。这些要件主要包含以下五个方面。

1. 刑事责任年龄

我国环境犯罪中的刑事责任年龄均应在 16 周岁以上。16 周岁以下不负破坏环境的刑事责任。

2. 刑事责任能力

精神病人在不能辨认或者不能控制自己行为时造成的危害结果,不负刑事责任。尚未完全丧失辨认或者控制自己行为能力的精神病人犯罪的,可以从轻或者减轻处罚。对又聋又哑的人或者盲人犯罪的,可以从轻、减轻或者免除处罚。这些规定统一适用于环境犯罪中。

3. 意外事件

环境犯罪行为人的行为在客观上虽然造成了损害结果,但是不是出于故意或者过失,而是由于不能抗拒或者不能预见的原因所引起的,不为环境犯罪。

4. 正当防卫和紧急避险

在正当防卫和紧急避险的过程中破坏环境的,不属于犯罪,可以不负刑事责任。但是正当防卫明显超过必要限度造成重大损害的,应当负刑事责任,但可以减轻或者免除处罚;紧急避险超过必要限度造成不应有的损害的,应当负刑事责任,也可以减轻或免除处罚。

5. 追诉时效

我国对环境犯罪的追诉时效也同样完全适用《刑法》第87条关于追诉时效的相关规定。

(三) 环境保护刑事责任的刑罚方式

环境保护中的刑事责任是指行为人污染或破坏环境资源的行为因触犯刑律而必须承担的刑事法律后果。[1]我国现有的对环境犯罪的处罚方法有:免予刑事处分、管制、拘役、有期徒刑、无期徒刑以及附加刑中的罚金、剥夺政治权利和没收财产三种。可见我国对环境保护刑事责任的处罚方式是十分多样和具有针对性的,几乎涵盖了所有我国现有的刑罚处罚方式。

─────────────

〔1〕 刘仁文:《环境保护与环境资源犯罪》,中信出版社2004年版,第134页。

第二章　环境犯罪的基本理论

第一节　环境犯罪的概念及构成要件

一、环境犯罪的概念

环境犯罪在世界各国的定义和表达都不尽相同。例如,日本将之称为公害犯罪,基本包含了与环境保护有关的所有犯罪;英国称之为公害罪,其约束行为除了与破坏环境相关的犯罪行为还包括打淫秽电话、卖淫等犯罪行为。而在我国理论界和实务界对环境犯罪的定义有不同观点。

第一类观点:广义说。这类观点主要表述为:"违反法律规定,对国家保护的环境加以污染和破坏,情节恶劣,危害后果严重,而需要依法追究刑事责任的行为";[1]"自然人故意或过失地、法人无过失地污染、破坏环境及自然资源,从而严重损害环境要素及人类健康和生命

---

〔1〕　沈乐平:"公害罪刍议",载《法学(季刊)》1995 年第 2 期。

或损害巨额公私财产的行为；自然人或法人违反环境保护法规，故意或过失超标准排污或不合理地开发利用资源、破坏环境生态平衡，造成严重后果或有造成严重后果危险的行为"。[1]

第二类观点：中义说。"指故意或者过失地污染破坏环境造成人们的生命与健康或公私财物重大损害的行为；以及指故意或者过失地污染、破坏环境及自然资源，从而使其严重损害、危及人民身心健康或使大量的公私财产受到损害的行为。"[2]

第三类观点：狭义说。仅限于国内以违反环境保护法为前提的环境犯罪范围。具体可表述为："环境犯罪就是危害环境诸要素的犯罪。具体地说，违反环境保护法规，故意或者过失地对国家保护的环境加以污染或者破坏，引起或足以引起环境、人们的生命健康或公私财物重大损害的行为。"[3]或被简单表达为"指故意违反环境保护法规，污染环境，情节严重的行为"。[4]

总结以上不同的观点，笔者认为以上三类观点各有其合理和考虑欠妥之处。第一类观点可以说是三类观点中将环境犯罪概念总结得最全面的，但是正因为这一学说的重心放在了全面总结上，因此会导致环境犯罪的外延过于宽泛而在司法实践中缺乏指导性和可操作性。第二类观点对于环境犯罪的概念相较于第一种观点，在外延上有了一定的限制，但是在主观方面的认定中，没有将无过错责任考虑进去，因此也存在着一定的局限性。第三类观点的局限性就更为明显了，首先这一观点认为环境犯罪仅限于国内以违反环境保护法为前提的环境

<hr>

[1] 向泽选："危害环境罪若干问题研究"，载《山东法学》1996年第1期。

[2] 邹清平："论危害环境罪"，载《法学评论》1996年第3期。

[3] 高铭暄、王作富：《中国惩治经济犯罪全书》，中国政法大学出版社1995年版，第650页。

[4] 陆舫："环境犯罪若干问题研究"，安徽大学2013年硕士学位论文。

犯罪范围,其次同样也没有考虑到当主体在主观方面不存在明显的过错,但客观上造成了严重的环境污染后果的刑事责任。因此,在分析了以上三类观点后,笔者将环境犯罪的概念定义为:是指自然人或法人,基于主观过错或无过错的行为,所实施的污染大气、水、土壤或破坏土地、矿藏、森林、草原以及其他生活环境和生态环境,并产生危害后果的行为。

二、环境犯罪的构成要件

(一) 环境犯罪客体要件

环境犯罪的客体要件受社会客观物质基础的变化而发展变化。在不同的社会发展时期,人类社会与自然环境的关系存在着不同,这主要是基于不同社会阶段人类的生产力水平、人类能够控制和掌握的自然资源是不同的。进而,人类对资源的开发利用的能力和广度深度也就不同。这影响着人类社会的发展,也对人类和自然之间的矛盾范围起着决定作用。刑法作为上层建筑的一种,要适应人类经济基础的这种变化,从理论构建上作出应对,因而在环境犯罪客体要件上也在随着社会发展不断变化。

由于中华人民共和国成立后的刑法理论主要学习苏联,因此犯罪客体理论作为犯罪构成要件之一也是源自苏联的刑法理论体系,沿袭了传统的犯罪构成四要件学说。这种四要件的犯罪构成理论在其他西方国家的刑法理论中是没有形成系统研究的。通说认为犯罪客体是"刑法所保护的而为犯罪行为所侵害的社会主义社会关系"。[1]而马克思主义学说认为的社会关系是人与人之间的关系,包括物质关系和思想关系,但并没有涉及人与自然的关系。也就是说,人与自然的

---

〔1〕 马克昌:《犯罪通论》,武汉大学出版社 1991 年版,第 112 页。

关系是无法构成传统的犯罪客体的。尽管四要件理论受到二要件、三要件、五要件、六要件学说的冲击,但是,客体要件仍有一定的意义。笔者认为,其意义主要在于区分同类犯罪上,而不是用作区分罪与非罪,或具体此罪与彼罪上。与犯罪客体的研究发展进程密切相关的是,环境犯罪问题所引发的环境犯罪客体问题的关注与研究的展开。

1. 关于环境犯罪客体的争议及评价

在国内,关于环境犯罪客体的认识,主要有以下六种主要的观点:

第一种,复杂客体说,即环境犯罪侵犯的是公民的所有权、人身权和环境权。[1]环境是人类赖以生存和发展的物质基础,对环境要素的污染破坏势必危害到人类本身,从而侵犯公民的环境权,即公民有在良好、适宜的环境中生活的权利,而且对公民人身权、公私财物所有权也产生了间接的侵害。这种侵犯既不同于一般的侵犯人身权利或所有权,也是用环境权无法概括的。

第二种,公共安全说,即环境犯罪侵犯的是不特定的多数人的生命健康和重大公私财产的安全。认为是因危害环境保护法规定的环境要素的危害公共安全。[2]

第三种,环境权说,即环境犯罪侵犯的是国家、法人、公民的环境权,是法律赋予法律关系主体(包括自然人、法人和国家)在其生存的环境中享有良好环境的权利,可分为国家环境权(表现为环境资源权和环境管理权)、法人环境权和公民环境权。[3]

第四种,环境法律关系说,即环境犯罪的客体,是环境违法行为所侵害的特殊社会关系,即环境保护法律关系。认为对于大气、水以及

---

[1] 邹清平:"论危害环境罪",载《法学评论》1996年第3期。
[2] 王力生:"环境犯罪及其立法的完善",载《当代法学》1991年第3期。
[3] 高铭暄、王作富主编:《中国惩治经济犯罪全书》,中国政法大学出版社1995年版,第655页。

珍稀濒危野生动植物等环境资源,环境保护法和刑法所要保护的并非是经济资源方面的价值,更主要的是强调其作为不可替代的,构成人类生存发展的环境要素方面的特殊价值。[1]

第五种,环保制度说,即环境犯罪侵犯的是国家环境保护管理制度。为了保护人民的生命、健康和财产,为了维护自然资源、生态平衡,为了科学、合理地发展生产满足人民的物质与文化需求,国家制定了一系列环境保护法律、法规来调整人们的行为,在此基础上确定了国家环境保护管理制度。环境犯罪所侵害的客体便是上述管理制度。[2]

第六种,环境社会关系说,即环境犯罪往往同时侵犯两种或两种以上的具体社会关系,例如人身关系,财产关系等。但其侵犯的同类客体应该是环境社会关系,环境社会关系是人们在开发、利用、保护和改善环境的过程中形成的社会关系,那么环境的范围就直接制约着环境社会关系的范围。我国《环境保护法》第2条在规定了环境的定义后,还列举了我国法律保护的主要环境要素。因此,所有严重污染和破坏这些要素的行为,便是侵犯环境社会关系的犯罪行为。[3]

笔者认为以上六种观点均有值得商榷的地方。第一种观点认为环境犯罪的客体包括公民的所有权、人身权和环境权,但是公民的所有权所涉及的范围是有限的,只有具体的可以为公民所拥有的物质和智力成果才能成为所有权的指向对象,可是像大气污染、噪声污染等环境犯罪所侵犯的对象不属于公民个人所有的物,也就谈不上侵犯公民的所有权了。第二种观点认为环境犯罪的客体是公共安全,但诸如破坏森林、破坏珍稀植物、非法捕捞水产品、破坏珍危动物等环境犯罪

---

〔1〕 王秀梅:"环境犯罪刑事立法",载《河北法学》1996年第1期。
〔2〕 刘宪权:"污染环境的刑事责任问题",载《环境保护》1993年第10期。
〔3〕 吴志良、李永生:"环境犯罪的构成要件",载《中国环境科学》2009年第18卷。

并不侵犯广大不特定多数公民的人身权利、财产权利,因此就不存在侵害公共安全的问题了。同样地,第三种观点认为环境犯罪的客体是环境权,一些污染行为也不会侵犯到这类客体。第四种观点认为环境犯罪的客体是环境保护法律关系,但环境犯罪所涵盖的还包括人与自然之间的关系,超出了人与人之间的社会关系的范畴。第五种观点认为环境犯罪的客体是国家环境保护管理制度,而这同样在于没有涵盖整个自然关系。第六种观点认为环境犯罪的客体是环境社会关系,相比第四种、第五种观点更确切或更深入了一步,但仍是没有包括人与自然之间的生态关系。

在笔者看来上述六种关于环境犯罪客体的不同观点,可以说是基于传统苏联式刑法犯罪客体的理论基础而提出的。随着经济和社会的快速发展,环境破坏日益严重,从本质上讲,环境犯罪侵害的不仅仅是人与人之间的社会关系,更为严重的是,环境犯罪侵害了人与自然之间的生态关系。因此,必须深刻探究环境犯罪的本质属性特征。

2. 界定客体的前提

之所以出现有关环境犯罪客体的不同观点及争论,主要原因在于人们对环境犯罪本质及其法律属性认定上的不同,而这其中的关键因素是如何区分和界定环境犯罪与其他类型犯罪的本质。因此,要界定环境犯罪的客体,前提就是要界定环境犯罪的本质特征。

环境是一个由不同生物及其生存环境所组成的生态系统。这个生态系统不管其复杂程度如何,都适用于它们各自的环境。生态圈的所有构成部分都是以这种方式相互联系着的,这一事实保证可以发生最微妙的生命力机能的数次再调整,使它在受到任何干扰后恢复它的基本结构。进一步说,生态圈是由无数生态系统组成的,生态系统本身由较小的系统组成,这些小的系统又由更小的系统组成。这些系统中的每一个更小系统,都是由相互紧密作用的不同种群组成的,它们通常组成群落和科属——进而又都组成细胞、分子和原子等。这种组织的等级层产是生态圈最基本的特征。与组织性相对的是随机性，或即通常所谓的熵。按照热力学第二定律，在所有的系统中有着一种随机性，即熵日益增长的趋势。之所以必然如此，因为向这个方向运动所走的是阻力最小的路，还因为每当能量转换时（这在所有行为相互作用的进程中都必然会发生），必定产生废物和随机部分——如果不能从别的事物中产生，必定会从氧化作用和摩擦中产生。生态圈由于有一些独具的特性能成功地抵消这种趋势，为此，只有把废物降到最低限度，也只有通过回收和重复利用废物，才能保证由一个过程产生的废物可用于下一个过程的原材料。例如，矿物燃料的形成过程是需要经过几亿年时间的，而被食肉动物充作食物的食草动物，则更需要经过几十亿年时间的变迁。显然，为了避免增加熵值，对这些有机物的消耗速度，不能快过于这些有机物的生产速度。因此，所有生态过程的循环本质和宇宙万物的再循环，都是绝对必要的。

笔者认为我们更应看到的是：生态系统的核心是生物群落，生物群落的彼此适应、调节和自我修复共同维持着整体系统的动态平衡。人类必须要充分认识到这种动态平衡的规律，并尊重自然生态的这种规律，才能使得整个生态系统正常运转，否则，以人类的生产力水平，要打破这种规律是容易的，而一旦打破这种规律，必然导致生态系统的失衡，并最终危及人类社会的生存和发展。生态学家已经提出的一系列的重要"规律"应当引起刑法界的重视。其中特别是关于环境的预知性：即一切生态系统倾向于稳定性，而且生态系统越复杂多样，它就越稳定；也就是说，品种越多，它们就越相互联系，其生存的环境也就越稳定。所谓稳定性，就是经过任何改变以后重新回到原来状态的能力，而不是被迫变成完全不同的模样——因此，生态系统具有预知性。这种稳定性是保持一个系统的基本特征的能力，也就是一个系统环境变化时的生存能力。在一个稳定的系统里,变化将被减少到最低限度,而且只有当必须确保适应一个变化着的环境时才会发生这种情况。也就是说,由于稳定性增加,可随机变化的频率就会相应地减少。一切生态系统倾向于稳定性,因而具有多样性和复杂性,它有越来越多的不同的动植物物种,直至达到顶点或最完美的境况。而在最近几十亿年的演化过程中,生态圈慢慢地变得相当稳定了。例如经过长期的论证我们知道,保持地球上一定比例的森林和绿色植物的数量是十分重要的。人类生存需要的基本元素之一——氧气,就是依靠绿色植物的光合作用产生氧气和吸收二氧化碳,保证了空气中的氧气含量可以给人类提供必要的生存元素。绿色植物的根部的蓄水作用可以调节河水流量,保持地球上水量的平衡。绿色植物定期的落叶归根后的自然腐烂,可以产生大量营养,保持了土壤的自然肥沃。当然地球上自然会存在沙漠地带,此时保持沙漠边缘地区大片绿洲的存在就显得非常重要了,因为绿洲植物的根部可以锁定沙土,使得沙漠的范围能够稳定在原有的区域而不会进一步扩大和恶化。同时绿色植物也为生活在其覆盖的区域内的野生动物提供了一个相对稳定的环境温度。促进了动物物种的正常衍生和繁殖。人类社会的生存和发展,必须建立在生态系统的正常运转的基础上,否则就会出现这样或那样的偏差,但也只能是限于可接受的合理限度内。超越合理限度的一个办法是,给系统提供比用作另一过程所需原料还要多的废物。在这种情况下,这个系统就被认为是"超负荷"系统;自调节机制也就不可能再起作用,而只是废物在不断地聚积。换言之,熵或随机性越增长,而地球表面越像月球表面那样无生机。

因此,环境犯罪的本质特征就是人类的破坏环境的行为导致整个生态系统的失衡,并最终危及人类社会的生存与发展。环境犯罪不仅仅是破坏人与人之间的社会关系,而且还破坏了人与自然之间的生态关系,这就是其与仅仅破坏人与人之间的社会关系的传统刑事犯罪的本质区别。认识到这一点,是我们界定环境犯罪客体的关键。

3. 环境犯罪客体的界定

由上可以得出这样的结论,环境犯罪从微观上看不仅仅危害到地球上生存的人类本身,严重地影响到人类的持续发展,同时在宏观上看它还会对整个地球的生态系统和基本属性造成影响和本质的破坏,会使得地球作为一个宇宙中的星球在不久的将来发生属性的改变。因此我们在规定环境犯罪的时候认为犯罪行为侵犯了两个客体。

详言之,这两个客体一个是人与自然之间的关系,即整个生态关系,这是环境犯罪所直接侵害的,例如污染空气、水、土壤等;另一个是人与人之间的社会关系,这是环境犯罪所间接侵害的,通过破坏生态环境侵害人与人的关系,例如由于生态恶化,导致该区域不适宜人类居住,出现所谓的"生态难民",被迫迁徙到其他地方来居住。前者可以称为"直接客体",后者可以称为"间接客体"。

当然,需要解释的是,这里的直接客体和间接客体不是说侵犯的具体的社会关系的直接和间接,而是指环境犯罪发生后可明显感知的是生态关系受到了侵害,这是直接的;同时可能产生的不易为人察觉的是深层次的人与人的社会关系受到破坏,这一损害是间接的。这和我们通常所理解的刑法的犯罪客体还是有一些差别的。因此,笔者认为,环境犯罪的客体是指刑法所保护的,为环境犯罪所直接侵犯的人与自然之间的生态关系和间接侵犯的人与人之间的社会关系。

之所以将环境犯罪的客体定义为双重客体,原因在于:首先,客体是犯罪行为所侵犯的关系,人们应当尊重客观事实,恰如其分地反映环境犯罪这类新的社会犯罪现象。从上层建筑的关系来看,既有人与人之间的社会关系,也有人与自然的生态关系。刑法要保护的关系既有人的关系,也有自然的关系,因此,环境犯罪行为所危害的,直接看是生态系统,例如各种污染,但从长远来看,生态系统被破坏了,势必对人类的生存带来影响,严重的会阻碍人类的生存和发展。这种损害是长远来看,目前不一定能直接感知的,例如全球变暖气候变化。因为从现在来看,虽然科学家说全球在变暖,但是这种变暖还不至于危及人类生存,就像夏天炎热,人类选择多开空调,似乎可以解决,可是如果放任全球变暖,那么可能几十年后的地球将给人类带来灾难,虽然这种灾难不是眼前能看到的。其次,法律理论是不断发展的,所谓的法律进化就是这个意思。刑法理论随着我国社会主义建设事业的发展也在不断向前发展。中国的国际化和经济高速发展带来了许多新的问题和新的法益。利益相关人的学说发展,使得各种广泛的利益相关人不断出现,环境实际上已经成为我们社会发展的利益相关人,因此,环境所构成的生态关系就成为一种新的社会利益,会成为环境犯罪所侵犯的对象,因此,刑法理论的发展就将环境所代表的生态关系纳入客体范畴。

这样一来,环境犯罪的典型特征从客体的角度就能辨识出来,传统的普通刑事犯罪侵犯的仅仅是人与人之间的社会关系,环境犯罪则直接侵犯了人与自然之间的生态关系,因此,这个特点对于我们确定环境犯罪具有重要意义。

(二) 环境犯罪的客观方面

犯罪的客观方面包括行为、结果和因果关系三个因素,一般而言,大多数犯罪的客观方面要包括上述三个因素。但如果特殊情况下,例如刑法上的行为犯,则无须结果和因果关系这两个因素即可构成犯罪。笔者认为,对于环境犯罪,虽然有的必须要有因果关系,但有的则可根据行为本身就直接单独构成犯罪的。

环境犯罪的行为,一般表现为人们在开发、利用环境过程中,过度开采等破坏环境或超量排放等污染环境,导致环境生态受到损害,直接或间接危及人类及财产安全的行为。具体而言包括环境污染行为和环境破坏行为。

(1)环境污染行为。环境污染是指由于人们在生产建设或者其他活动中产生的废气、废水、废渣、粉尘、恶臭气体、放射性物质以及噪声、振动、电磁波辐射等对环境的污染和危害,使环境质量恶化,影响了人体健康、生命安全,或者影响了其他生物的生存和发展以至生态系统良性循环的现象。[1]

(2)环境破坏行为。环境破坏指由于人们对环境不合理的开发利用活动所造成的现象,即由于毁林开荒、过量放牧、掠夺性捕捞、乱猎滥采、不合理灌溉、不适当的水利工程、过量抽取地下液体和破坏性采掘、不恰当种植或者移民、人口增长过速和都市化等所造成的水土流失、土地沙漠化、耕地锐减、森林蓄积量下降、矿藏资源遭破坏、地面塌陷、水源枯竭、野生动植物资源和渔业资源日益减少或者一些品种灭绝、旱涝灾害频繁,以致传染病、地方病流行等。[2]

笔者认为,环境污染行为的后果和普通侵权行为的后果的不同之处在于,污染一旦发生,要恢复原状非常困难或者说成本非常高,有些污染行为本身是不可逆的,因此后果严重。所以我们不能等待这种严重后果实际发生后再去追究行为的法律责任,因为如果那样,那么一方面的确是追究了行为人的责任,但是另一方面,行为的后果给整个社会和自然界造成的损害是非常大的。从利益衡平的角度来看,这对社会和自然生态系统是很不利的。所以要发挥刑法的威慑作用,必须使行为人意识到,其严重污染环境、破坏环境的行为是法律严格禁止

---

〔1〕 韩德培主编:《环境保护法教程》(第6版),法律出版社2012年版,第6页。
〔2〕 同上,第4页。

的,即使没有造成严重的危害后果,只要存在这种危险的可能性,法律也要对此予以制裁,只有这样,才能使行为人心存畏惧。当然,这种情况下,必须对"危险"进行严格限制解释,要求危险必须是现实的,且必须是严重的,这种危险的规定必须是法律所明确写明的,不能任意解释。

(三) 环境犯罪的主体

环境犯罪的主体包括了自然人、法人及非法人组织等。这三类主体中,自然人最为简单,只要达到法定刑事责任年龄、具有刑事责任能力,那么,一旦其实施了环境犯罪行为,即可成为环境犯罪主体,被依法追究刑事责任。按照我国现行《刑法》的规定,年满 16 周岁是年龄标准。但是对于法人和非法人组织能否成为环境犯罪的主体,在学术界有过不同的观点。争议的焦点和实质在于,法人犯罪理论在环境刑法中能否适用。

1. 关于法人的犯罪主体问题

关于法人能否成为犯罪主体,在国外,曾经存在着两种对立的主张,即肯定说与否定说。但是时至今日,肯定说已经成为主流,也就是各国刑法都确定了,在犯罪主体上,法人是一个确定的犯罪主体,可以对法人追究刑事责任。

我国 1979 年颁布的《刑法》以及建立在当时社会认识和法学研究水平基础上的刑法理论,对于法人的主体资格问题,有着不同的争论,形成两派观点:肯定说和否定说。这两派经过多年的争论,发现在法人是否具有思考的能力、如果超出了法人机构登记的经营范围的犯罪行为是否为自然人犯罪、对法人代表适用人身刑而并非单纯适用经济处罚的规定是否公平、从法理学的角度是否应当确认法人的刑事主体资格等问题上都具有不可妥协的差异。例如否定论者认为:法人没有刑事责任能力赖以存在的生理基础,不具备意识和意志能力,把法人作为犯罪主体惩罚,既有可能使那些利用法人名义实施犯罪活动的真正罪犯逃避惩罚,又会使在法人组织中与犯罪无关的人员受到牵连。而肯定论者则指出:法人是相对独立的社会有机体,能对经济生活、社会生活中的相关信息和状况进行"感觉"作出"反应",在追究法人刑事责任的同时,往往还要追究责任人员个人的刑事责任,不存在刑事责任的株连,并且,追究法人刑事责任只是对法人本身的惩罚,并没有将其内部成员都宣布为犯罪人而加以惩罚。[1]至于其他影响,例如经济收入等是社会关系的复杂性决定的。

对于法人犯罪,国外的学说包括美国的"替代责任论"和"保证责任原理",英国的"法人代表的另一个我论",日本的"无过失责任说""过失责任说""危惧感说"和"企业组织体责任论"。我国在现阶段,随着法人的行为越来越多地产生了危害社会的后果,因此应当将法人的行为纳入刑法管制的范畴,在整个刑罚制度中,追究个人责任的同时要追究法人责任。这一点国外已有探索,正如国内有的学者指出的那样,法人刑事责任具有五种世界性发展趋势,即:(1)它必将在刑法上得到越来越多的国家的承认;(2)它在各国刑法上的范围不断扩大;(3)它的法典化,即把法人刑事责任纳入刑法之中;(4)它从刑法领域扩展到刑事诉讼法领域;(5)它的多样化,例如立法形式上、制裁方法上、刑事责任的根据和范围上等均反映出多样性。[2]可以断定,肯定论由不成熟到逐渐成熟,由弱小到强大,最终取代否定论,是刑法理论与时俱进的必然结果。

一般认为,犯罪是单个人的个人行为,基于行为的内心意志和主观欲望的指示而实施。因此,犯罪主体只能是有内心意志和主观愿望

---

〔1〕 胡旭亮:"环境犯罪研究",中国政法大学2011年硕士学位论文。

〔2〕 储槐植、傅立忠:"一部有理论深度的新书——评《法人犯罪与刑事责任》",载《中外法学》2003年第3期。

的自然人。而法人作为一种法律上的拟制人,实际上是一个组织。在环境污染行为中,大量的实施污染行为的是企业,即法人,其将生产经营活动中产生的有毒有害物质排放到自然界中造成严重的环境污染,如果仅仅盯着自然人,那么这种在获取了经济利益的同时污染环境的组织就会逃脱法律的制裁,并且,从污染环境行为的受害人赔偿的角度来看,法人显然比自然人更具有支付的能力。因此,为了更好地保护环境,有效地遏制污染行为,同时对污染的受害人予以充分赔偿,必须将法人纳入环境保护刑事责任追究体制中来。国外已经在环境保护刑事立法中,明确规定了法人犯罪。例如美国、加拿大、日本等对实施环境犯罪的法人已明确规定了刑事责任。对于公务机构和其他非法人机构,在承认法人犯罪的国家中,一般也承认其犯罪主体地位,例如加拿大刑法规定,联邦和省政府可像法人一样受到刑事追诉。但大多数的欧洲国家,例如德国、瑞典、罗马尼亚坚持个人责任原则,认为公司或其他法人以及其他没有法人身份非自然人是不能从事犯罪的,如果法人的行为构成犯罪,则必须追究操纵法人行为的自然人来承担相应的刑事责任,而对法人只进行行政处罚,例如没收、罚款等。

由于我国的刑事立法早在 1987 年就以附属刑法的形式首次确立了法人犯罪的刑事责任,即 1987 年《中华人民共和国海关法》第 47 条第 4 款将单位规定为走私罪的主体,之后的单行刑法和附属刑法也对单位犯罪的刑事责任问题作出了明确立法。经过 9 次刑法修正案后我国单位犯罪罪名总数约 150 个之多。在 1997 年通过的第二次大规模修订的刑法典中,更是在总则和分则中都明确规定了单位犯罪的刑事责任,尤其是在分则设专节和专条规定了环境犯罪中的单位刑事责任。所以,单位环境犯罪已经明确,只是需要进一步的,要从理论上和实践上不断完善包括与单位环境犯罪在内的所有单位犯罪主体问题。

笔者认为法人作为拟制人，它和自然人一样处于一定的社会关系之中，以独立的社会关系主体身份独立决定、处理与其有关的各项事务。法人意志是由法人机关或法人全体成员或部分代表以一定的程序、方式形成的整体意识，不同于自然人意识的个体性。法人环境犯罪必须是法人代表按照法人的整体意识，以法人的名义来实施，其行为是法人整体意识的外在表现，法人应当对其行为负责，因此，法人是环境犯罪的主体。同时法人代表、直接责任人员作为法人系统整体的有机组成部分参与实施犯罪，对法人犯罪的发生、发展负有重要的不可推卸的责任，他们主观上有罪过，客观上实施了某种犯罪行为，构成了法人环境犯罪的另一主体，两者相互依存，不可分割。

2. 关于国家主体问题

国家承担的责任有民事责任和行政责任，但是否包括刑事责任是有争议的。在"一战"后的国家责任追究中，对战争罪犯的责任追究实际上就表明国家应对其犯有的国际罪行承担国际刑事责任，虽然这一责任的具体承受者是有关个人。但国家能否成为环境犯罪的主体，则存在争议。例如跨境环境污染事件中，国家应当可以成为环境犯罪的主体，像日本福岛核事故，最终日本政府将福岛核电站中的受到严重核辐射的水直接倾倒进大海，当时就有人提出应当追究日本的国家责任，予以刑事制裁，当然这种刑事制裁如何得以实施是个严峻的问题。这样就意味着说国家是"危害环境罪"的特殊主体。但实际上，对跨境环境污染中，追究的主要是民事责任，例如金钱赔偿、赔礼道歉等，没有被追究刑事责任的。对于这一矛盾，笔者认为应视不同情况来看。就跨境环境犯罪而言，国家可以成为刑事审判的对象，但就国内环境犯罪而言，国家就不可以成为犯罪主体了，因为无法处罚。正如同样的国家虽然可以成为某些国际犯罪，例如灭绝种族罪的主体，但这不等于国家就当然可以成为国内环境犯罪的主体。所以，综上，笔者认为在讨论国内环境保护刑事立法时,国家不能成为环境犯罪的主体。

3. 关于行政机关问题

国家不能成为环境犯罪的主体,那么代表国家具体行为的行政机构或者行政机关能否成为环境犯罪的主体呢?笔者认为根据我国国家行政机关的性质和职能来看,答案也应当是否定的。因为我国的国家行政机关是在国家统治阶级意志的支配下产生的,执行国家相应的具体行政权,代表国家对各项行政事务进行组织、管理、监督和指挥的作用。由此可见行政机关可以被视为与国家主体的意志一致,是国家主体的具体执行衍生部门。因此延续前文中对国家主体问题的分析,笔者认为各级政府及机关都不应该成为环境犯罪的主体。虽然在少数国家的法律中,例如加拿大刑法规定了州政府可以成为刑事被告,但在大多数国家,各级政府及机关是不能成为环境犯罪的主体的。因此笔者的这一认定也符合国际主流的认定观点。

(四)环境犯罪的主观方面

环境犯罪由于涉及的行为类型多样,例如倾倒废弃物、排放有毒有害物质、猎捕珍稀濒危动物等,因此探讨犯罪行为人的主观方面时就需要重点关注:既有故意犯罪,又有过失犯罪,有的国家还规定了在特殊情况下实行严格责任,不要求行为人存在罪过即所谓无过失犯罪。就我国《刑法》中的规定来看,我国环境犯罪的主观方面主要包括以下两种形态。

1. 环境犯罪的故意形态

一般而言,故意犯罪是指"明知自己的行为会发生危害社会的结果,并且希望或者放任这种危害结果的发生"的犯罪形态。环境犯罪的故意犯罪是指自然人或非自然人主体,明知自己的行为会造成环境破坏或者环境污染的后果,但仍放任这种结果的发生而构成的犯罪。而对于这其中是否应当包含直接故意的状态,笔者认为,在污染环境的故意犯罪中,行为主体不应当是直接故意。因为,环境污染行为从本质上讲,是工业文明的副产品。以排放危险污染物为例,行为人投资建设一个工厂,在生产产品的同时产生了废水、废气等污染物,当行为人将这些未经处理的有毒有害的废水、废气排放到自然界中构成犯罪时,我们应当看到,排放有毒有害的废水、废气并非是行为人建设工厂进行生产的目的,行为人的直接目的还是通过生产产品出售来获得利益,产生的废水废气仅仅是生产活动的副产品。行为人不是为了污染环境而进行生产的,否则行为人的思维可谓是反人类反社会了。环境受到污染并不可能成为某个犯罪主体积极追求的结局,而往往是主体在追求其他利益的同时无视或者放任环境的被污染。

至于在环境犯罪的主观方面里是否要考虑犯罪目的。笔者认为,犯罪目的在环境犯罪中可以不予考虑,虽然在 1997 年《刑法》中规定的"非法收购盗伐、滥伐林木罪"中规定了必须要有牟利为目的。但整体上,环境犯罪无须考虑犯罪目的,也就是说,犯罪动机不影响罪名成立,因为环境犯罪打击的是破坏环境的行为,至于行为人基于何种目的来破坏环境,法律不应当规定以此为成立犯罪的条件。

在环境犯罪中的另一个需要明确的重要问题是对于故意犯罪中的"明知"的认定标准。认定犯罪人在行为实施时的"明知状态"是需要证据证明行为人对犯罪性质和结果具有一个非常明确的认识,还是只需要对结果有一个模糊的意识和合理怀疑,这两个标准是存在着很大的差异的。国外学术界也有"结果必然性说"与"结果盖然性说"的两种对立观点。前者要求行为人对自己行为发生的危害结果有肯定的、必然的认识,还依然实施该行为,方能成立故意犯罪。后者认为,只要行为人认识到行为所要发生结果的盖然性或者可能性,并有意识地实施该行为,即可成立故意犯罪[1]。由于环境犯罪涉及的犯罪行为广泛,所以可以从一些具体的行为出发予以讨论,有助于我们清晰理解。例如,对于破坏自然资源的犯罪,如果坚持"结果必然性说"就会将投放毒害性物质破坏渔业资源的罪行排除在故意犯罪之外,行为人可以说将有毒废水投放到水体里并不会直接导致渔业灾害,他可以辩解说有毒废水的剂量不大,没有直接确定意识到会直接导致渔业灾害从而逃脱犯罪惩罚。因此笔者认为,对于这一问题应当区别对待,对破坏自然资源罪的,应当以"结果盖然性说"作为判断标准,即只要行为人对其行为可能产生的危害结果有盖然的认识并依然实施且希望或放任危害结果发生的,就成立故意犯罪。例如行为人只要明白他排放的废水是有毒的,这种有毒的废水会造成渔业灾害,就足以认定主观方面存在故意。

2. 环境犯罪的过失形态

所谓过失犯罪是指"应当预见自己的行为可能发生危害社会的结果,因为疏忽大意没有预见,或者已经预见而轻信能够避免,以致发生危害结果"的犯罪形态。而过失环境犯罪是指自然人或非自然人主体,应当知道自己的破坏环境的行为可能发生危害生态环境的结果,由于疏忽大意而没能预见,或者已经预见,但轻信能够避免而构成的犯罪。国外立法中基本都有过失环境犯罪的规定,如美国《水污染管制法》中规定,"犯罪行为除非行政官署证明为故意或过失,否则不得为该法制裁的对象"。美国部分学者还强调,企业管理人公害污染的行为,无须有犯罪故意,只要有轻度的错误,即足以成为刑罚制裁的对象。我国 1997 年《刑法》对有关污染环境的犯罪规定也顺应世界刑法学说的发展,作出了类似的规定,如重大环境污染事故罪和环境监管

---

〔1〕 胡旭亮:"环境犯罪研究",中国政法大学 2012 年硕士学位论文。

失职罪就是以过失为其主观方面要件的。

在明确了环境犯罪的过失形态概念的基础上,笔者总结了国内外学者的观点,发现对于环境犯罪的过失形态,不同的学者对于过失形态的判断特别是关于预见程度的判断上存在着较大的分歧,具体来说主要包含以下几种学说:

(1)期待说。该说主张:"根据期待可能性理论判断环境污染及其他公害行为人过失的刑事责任。期待可能性是指在行为当时的具体情况下,社会期待行为人作出合法行为的可能性。如果行为人违反这种期待实施了犯罪行为,就应该承担刑事责任;如果缺乏期待可能性,即期待不可能,则成为阻却责任的事由,行为人就不负刑事责任。"[1]

(2)危惧感说。例如日本学者藤木英雄、板仓宏基针对环境污染、食品公害等问题的发生,提出了危惧感说:"认为过失犯并不以有具体的预见为必要,只要对损害结果的发生具有危惧感即可,指出既然行为主体发现存有不安感、危惧感,就应积极探求未知的危险发生的概率,采取避免危险发生的措施;如果行为人没有探求存在着的引起危惧感的未知危险,也没有采取避免危险发生的措施,没有履行避免结果发生的义务,则应承担过失的刑事责任。"[2]

(3)抽象预见说。该学说认为,"传统的过失论是以对具体危害结果的预见可能为依据的,也即以行为人能预见到何时、何地,如何发生侵害为依据。环境污染危害大多数情况下只是一种未知的危险,因而事先并不能预见到某种具体的危害结果,也就无法确定行为人在主观上是否有过失。行为人虽然对具体危害结果不能预见,然而,其对该危险本身及其可能对他人产生损害从一开始就应该知道,从这种角

---

〔1〕 付立忠:《环境刑法学》,中国方正出版社 2001 年版,第 220 页。

〔2〕 孙国祥:《过失犯罪导论》,南京大学出版社 2009 年版,第 24~25 页。

度看,其是有预见可能性的。这种预见可能性即是所谓的抽象预见可能性。该学说主张,只要行为人具有抽象预见可能性,就可认定过失成立"。[1]

(4)结果规避义务说。该学说是在抽象预见说的基础上发展而来的。它认为"行为人既然知道了自己所从事业务的危险性会给他人带来损害的可能性,就有义务采取各种有效的措施以避免危害结果的发生,如果行为人没有采取有效措施以致这些危险造成了损害,应认定过失成立。如果采取了有效措施,即使发生危害,行为人也没有过失"。[2]

对以上四种学说,笔者有如下理解。第一种学说中的期待可能性虽然是近几年学界讨论的热点问题,但是在实际司法操作中,仅使用期待可能性的理念去判案,很难做到整体实体法结果的统一。第二种学说中提出的危惧感是日本学说中的一个基本概念,仔细分析来看,所谓的危惧感在实际司法的认定中需要法官运用较多的自由心证来判断。这种判断的能力是与日本刑法研究的高度发达性相符合的,而要运用到我国的立法理念中,显然过于抽象而缺乏统一的可操作性。第三种学说同样也存在和前两种相似的实践难题,即由于过于抽象而不便于司法操作与统一,因此相比较而言笔者认为第四种结果规避义务说较具合理性。因为"过失犯罪形态主要存在于非自然人主体所实施的污染大气、污染水体、污染土壤等污染类环境犯罪中,有时也存在于破坏土地等破坏类环境犯罪中,而这些环境犯罪大多具有行为性质功利成分大、危害后果及因果关系异常复杂等特点,进而使行为者的主观罪过的认定难度加大,因此,采取简便而科学的判断方法就十分

---

〔1〕 付立忠:《环境刑法学》,中国方正出版社 2001 年版,第 220 页。
〔2〕 吴志良、李永生:"环境犯罪的构成要件",载《中国环境科学》1998 年第 18 卷,第 27 页。

必要"。[1]而以行为人是否采取了有效的措施作为审判人员认定其主观是否具有罪过的主要判定标准,以我国现有的司法审判水平和实际情况来说是可行的。

第二节　环境犯罪产生的原因

犯罪原因虽然是犯罪学、刑事政策学研究的重要问题,但是研究环境犯罪产生的原因,对于我国制定环境犯罪的对策具有十分重要的意义。作为社会发展和工业化过程中产生的负面效应,环境犯罪产生的原因应该是多层次、多方面的。我国国内对环境犯罪产生的原因研究极少,只有个别专著对之进行了阐述,尚无专门的论文对之进行剖析。国外对环境犯罪产生的原因研究相对于我国较为成熟,从研究现状看大致有四种不同的观点:第一种观点认为,对危害环境犯罪原因的研究应集中于犯罪行为本身,包括影响行为人决意犯罪及促使行为人实施环境犯罪而非他罪的内在起因。这种观点又有"理性选择说"和"例行活动说"两种理论。前者的代表人物有德雷克、科尼什和罗纳德·克拉克等人,他们主张应对环境犯罪的整体进行研究,包括犯罪动机及犯罪周围的外部因素,认为理性是指犯罪人会衡量特定条件下犯罪成功与否的心理特征。环境犯罪的实施者是基于对案发概率、合法处理与违法处理间费用差异及技术上专门知识的考虑而决定是否实施危害环境犯罪的。"例行活动说"与"理性选择说"有密切关联,它也是以犯罪行为的特征剖析环境犯罪的,代表人物有劳伦斯·科恩和马科斯、弗尔逊。他们认为环境犯罪的实施必须有三种要素才能完

---

〔1〕　付立忠:《环境刑法学》,中国方正出版社 2001 年版,第 222 页。

成:有动机的犯罪人、适当的犯罪客体、阻却犯罪发生的守护因素不存在。危害环境犯罪的发生正是由于社会进步过程中出现的上述三种要素相互作用的结果。第二种观点认为,现代科技发展是危害环境犯罪产生的原因。第三种观点认为人口的增长与都市化是环境犯罪产生的原因。第四种观点认为市场机能失调、道德伦理与文化传统是环境问题生成的起因。我国环境犯罪产生的原因与外国并无本质的区别。因此外国刑法理论对环境犯罪产生原因的研究有助于开阔我国学界研究的视野。本节将中国环境犯罪产生的原因从以下几个层面加以分析。

一、环境犯罪产生的根本原因

一方面,环境问题的最大特色在于其涉及高度的科技背景。许多环境上的危害行为或产品往往是在长年累月后才被发现。同时在对环境污染行为的举证中,对生产行为和客观上存在的人身或者环境恶化结果之间的因果关系的认定上也格外困难,举证时我们常常发现这已经不是一个单纯的法律问题而是涉及很多自然科学领域的待证明课题,并且很多是其他学科中就现有的研究水平无法给出一个准确答案的证明问题。因此也无法在审判中以明确证据出现来认定被告人应负法律责任。另外,理想的环境品质的设计、环境影响的评估、环境改善的认定等,也涉及科技水平的衡量标准。在环境质量标准没有出台之前,环境决策者的决策难免会有偏差。因此,科学技术的发展水平、环境质量的科技标准等直接影响环境问题。

另一方面,在国家进行工业化的过程中,随着生产力水平的急速提高,人类改造自然的能力也得到了迅猛提升,各种生产机械和生产工具的出现,使得大自然在人类面前似乎变得柔弱了很多,人类运用科技能力能够对自然进行各种破坏和掠夺。在工业化的过程中,为了获取生产原料和场所，世界各国的生产者都采用大规模的垦殖、采矿以及砍伐树木等方式对自然进行掠夺并且丝毫没有修复的意图。同时，为了经济利益和效率，各国普遍将在生产和生活中产生的大量废料和垃圾不加任何处理地排入自然中，形成了全球性的严重的城市和工业区环境污染，而且环境污染发展的速度迅速超过了自然环境破坏的速度。化学工业尤其是有机合成化学工业生产了大量的化学品，人工摄取的化学品的种类与日俱增，而其中不少是有毒、有害及难以降解的生物化学品。这些化学品进入环境，在环境中扩散、迁移、累积转化，对人体健康造成了严重威胁。在环境污染十分严重的情况下，各种污染物质或通过食物链进入人体，或在特定气候条件下造成危害，最终损害身体健康，威胁人类的生存和发展。环境犯罪就是在工业化运行的过程中相伴产生。

二、环境犯罪产生的外部原因

随着国际经济交流的增多，经济全球化倾向日益明显。由于全球经济发展的不平衡，经济发达国家和落后国家的差距日趋加大。落后国家要发展经济，追赶发达国家，就要依靠发达国家的先进技术，与发达国家进行经济技术合作。经济技术合作带来的后果是发达国家将不发达国家当作生产基地，将本国污染环境的公司、企业纷纷搬迁到合作国家，以牺牲合作国家的环境来达到双方合作的目的。而经济落后国家为了追求经济发展，无奈只得同意这种条件。另外，发达国家意识到保护环境的重要性较早，它们珍惜本国的环境资源，相应地在本国境内规定了处理废料和垃圾的立法，使得在发达国家境内处理废物的成本异常昂贵。因此很多的生产者和不法商人就想到了将发达国家的废物出口到外国（主要是发展中国家）进行丢弃，转移环境污染源。他们勾结发展中国家的一些为了谋取经济利益的无良公民，不顾发展中国家的环境保护法规和海关监管,里应外合地将发达国家的垃圾、废物进口本国进行违法处置,污染本国的环境。这一相互勾结的成本远远低于发达国家生产者在本国处理废料和垃圾的费用,因此在利益的驱使下有相当一批犯罪人选择这类途径。同时经济全球化和贸易一体化为这一类环境犯罪的产生和发展提供了外部条件,也是环境犯罪产生的一大诱因。

三、环境犯罪产生的经济学原因

犯罪作为一种客观存在的现象,可以从不同角度、不同理论进行分析,有基于此会产生不同的犯罪原因学说,例如基于社会学理论进行分析可以得出犯罪的社会学原因说,基于经济学理论进行分析可以得出犯罪的经济学原因说,基于心理学理论可以得出犯罪的心理学原因说,等等。此处采用经济学原理对危害环境犯罪发生的原因进行分析,旨在从一个方面说明危害环境犯罪产生的内在机制。

犯罪原因的经济学理论有广义和狭义之分,广义的经济学理论不仅包括运用经济学原理分析犯罪的理论观念,还指犯罪的产生是由于经济原因造成的,例如饥寒起盗心,贫困产生犯罪被视为最古老的犯罪原因的经济学理论。19 世纪中期,马克思主义用历史唯物主义理论认为,犯罪是经济条件的产物,即都产生于相同的物质生活条件等。狭义的经济学理论仅指用经济学原理解释犯罪现象的各种理论观念。经济学是人类如何在资源有限的世界上为满足其欲望而作出的选择。将经济学的原理和研究方法引入法学领域,产生了一门新型的交叉学科——经济分析法学,20 世纪六七十年代以后,这门学科日趋成熟,现在美国法学院已将其作为正式课程,只是称谓各异,有叫法和经济学的,又有称法经济学的,还有其他一些不同称谓。所谓经济分析法学就是运用经济学的原理和方法分析具体的法律、法律现象、犯罪现象,其中包括犯罪发生的原因，犯罪与刑罚等刑事法学问题的理论。经济学是以假设人类是有理性且为最大利益的追求者为前提的。同样，用经济学理论分析犯罪原因，也是假设犯罪人是具备足够理智对外来刺激作出反应的人，犯罪人都是理性的计算者，犯罪前都进行利弊的权衡、得失的计算。当然，这种情形并非适用于所有种类的犯罪，有的犯罪行为人在实施犯罪前并没经过仔细考虑和利弊得失的权衡，仅凭一时心理的冲动或来源于外界环境较强烈的刺激，激情犯罪就是一个明显的例证。相对而言，经济犯罪、财产犯罪、职务犯罪、利用高科技条件的犯罪人在犯罪前，往往会权衡犯罪行为的得与失。很多环境污染都是工业生产的副产品，也就是说行为人的首要目的不是污染环境，而是进行生产经营行为以获得经济效益，因此，对于行为人而言，处理污染的费用要是很高的话，他们就会偷排，不处理污染，这种典型的经济思维对于我们分析其污染行为具有重要意义。当我们用经济学的有关原理对危害环境的犯罪进行分析，把经济学理论运用到犯罪问题研究时，可以这样假设，犯罪是行为人在固定的一个条件下，对各种行为的成本和收益进行分析后，作出的一个理性选择，其中各种不同谋利方式既包括通过合法途径进行的谋利，也包括以犯罪的方式进行的谋利活动，亦即犯罪行为人把合法途径同非法途径所可能获得的收益和要付出的成本进行比较，如果采用非法途径更易达到其目的，则选择实施犯罪。同时，犯罪人会对不同的犯罪形式进行比较，选择更有利可图、最易实现其犯罪意图的犯罪种类及方式。正如波斯纳所言："由于犯罪对他的预期收益超过其预期成本，所以某人才实施犯罪。"

那么，犯罪人在实施前要计算哪些成本呢？（1）犯罪的机会成本。每个社会主体的时间和精力都是有限的，如果该主题将时间和精力花在了犯罪行为上，就必然会减少其从事合法行为的时间，而这个合法时间以及从事该合法行为的精力，就是行为人所失去的机会成本，因为合法行为同样会给行为人带来利益;(2)犯罪的刑罚成本,行为人违法犯罪后,受到刑罚所带来的成本,包括关押在监狱的各种损失、直接减少的收入、名誉上的各种负面影响带来的其他损失等。例如犯罪人被判处财产刑、被囚禁期间因无工作而减少的收入等就是有形损失;(3)准备犯罪的费用,也就是为了实施犯罪行为而进行准备所支出的除时间以外的其他费用,例如为犯罪准备工具、创造条件而支付的费用。以上三项构成犯罪的预期成本,可表示为:犯罪的预期成本=犯罪的机会成本+刑罚成本+预备费用。

根据成本支出与行为实施的关系理论,可以认为实施某一行为付出的成本越小,实施该行为的可能性越大,据此可推论出,犯罪的预期成本越低,从成本收益分析方法看来,获得利益的机会就大,因此,实施该犯罪行为的可能性就大,源于犯罪实施的可能性与犯罪的预期成本成反比。

利润也是犯罪者实施犯罪行为时考虑的一个重要因素,行为人能够从实施犯罪行为中获得直接的利益和间接的各种满足,直接的利益包括通过犯罪行为获得的金钱、物质等,间接的满足包括精神上的满足。犯罪的预期利益越大,行为人实施犯罪行为的可能性越大,某种具体犯罪的预期利益就越高,实施此种犯罪的可能性越大,实施犯罪的概率大小是与犯罪的预期利益的大小成正相关的。

对于生产型企业而言,要想减少污染,就必须建设良好的排污设施,而建设排污设施的费用高就必然导致企业主不想投资进行处理,而不投资建设高标准的排污设施,就必然会导致企业排放污染物超标或者直接非法排污。所以,企业主的这种思维就必然会促使行为主体实施该类犯罪的可能性增大。

从行为机制看,绝大多数危害环境的犯罪是创造社会财富的生产、加工行为的产物,也正因为这一特性,使得我们在定性犯罪的问题上容易产生困难,因为生产行为本身是对社会有益的,而一旦追究刑事责任,就必然会使得生产行为受到重要影响,因此,对行为人予以刑事处罚的概率就降低了。从危害环境犯罪主体的角度看,行为人付出的刑罚成本相对其他传统意义上的犯罪要低得多。形成这一状况的原因还有以下几方面:(1)公众对危害环境犯罪的容忍认可。社会公众一般不会对危害环境犯罪具有普遍、强烈的谴责,有的连什么是危害环境的犯罪都不知晓,更谈不上对该类犯罪予以否定性评价;为数不少的社会公众对危害环境的行为从心理上予以承认,认为这类行为的发生是经济发展和社会进步过程中必然付出的代价。(2)刑事司法部门对危害环境犯罪查处的态度并不十分积极、主动。发展经济和保护环境理应受到同等重视,现实中,政府部门往往更偏重发展经济,认为对危害环境行为的刑事化处理会影响该地方经济发展进程,对该类危害行为主体施以刑罚会挫伤经营者的积极性。同时由于危害环境犯罪的刑事立法状况不很完善。立法是司法的先导,科学完善的立法是保障司法有效运作的重要手段,立法上的缺陷往往导致司法实践的被动。我国现行刑法对危害环境罪的规定不够完善,致使其没能在司法实践中真正运作起来,这一切都导致了危害环境犯罪者面临较低的刑罚成本。

危害环境犯罪者(主要指污染类犯罪)只需要不作为就足以导致环境污染的发生,应建设环保设施而不建设,导致污染未经处理直接排向自然中,这时犯罪就构成了。从这个意义上讲,该类危害环境的犯罪具有不作为犯罪的特点,而从整个行为发生的机理看,又不是典型的不作为犯罪,例如生产企业不安装防污设施或不改进防污能力很低的设施,在生产过程中,废弃物就自然排到大环境中去了,这一行为的前半部分是不作为,后半部分又类似作为犯罪。从该类危害环境犯罪形成的过程可得出,犯罪者付出的预备费用很低。破坏生态资源的犯罪者只要简单倾倒,抗拒环保行政监督犯罪的实施者只需编造虚假的环境保护文件和数据即可实现,因而,其预备费用也很低。

以上三项(危害环境犯罪的机会成本、危害环境犯罪者面临的刑罚成本、实施危害环境犯罪的预备费用)都较低。行为的低成本是行为者实施行为前着重考虑的因素,也正因为如此,就增加了实施该类行为的可能性。

不仅如此,危害环境的犯罪者还能从实施危害环境的行为中获得巨大利益。例如,应当积极防治污染、安装环保设施的而没有安装的,这里显然就节约了安装环保设施的成本,进而利润提高;破坏生态资源的犯罪者能从各种破坏资源的行为中获得物质及精神的满足;抗拒环保行政监督的犯罪为获得有形或无形利润提供了条件。各种危害环境的犯罪都能给行为主体带来较为丰厚的利润。

综上可见,实施危害环境的犯罪行为因为能够获得巨大利益,而同时面临刑罚的概率很小,就必然导致行为人去铤而走险,因此也必然导致环境犯罪的高发案率。

四、环境犯罪产生的社会学原因

犯罪学者对危害环境犯罪的研究只是近十余年的事,对该类犯罪原因的研究不是很深入,借助社会学的理论分析危害环境犯罪的原因就更少了。追根溯源,在于对危害环境犯罪的研究面临许多困难。首先,人们的思想观念束缚了对该问题的探索,许久以来,人们通常把大多数危害环境的行为仅作为违反行政法规而应给予行政处罚的行为看待,没有把危害环境的行为视为犯罪处理,致使这类危害行为逃避了刑事制裁,也使研究人员长期以来忽视了对该类问题的研究。其次,危害环境的犯罪与白领犯罪及法人犯罪有某些相似之处,对其进行研究,不仅所需的大量经费难得到满足,产业界也不愿提供有关从业者不法行为的资料,不让研究人员接触企业文件,企业活动不易曝光,环境保护行政监督机关缺乏系统的可供参考的企业从业情况等,从不同角度为危害环境犯罪的研究设置了障碍。只是由于近些年来危害环境犯罪日渐频繁,严重污染环境事件频频发生,继英国石油公司墨西哥湾漏油事件、波斯湾污染事件之后,越来越多的学者开始从事危害环境犯罪,尤其是该类犯罪原因的研究。

西方国家的犯罪学者早已运用社会学原理对犯罪问题进行了研究,并形成了不同的理论。例如犯罪原因的社会结构理论、社会化过程理论等。社会结构理论侧重从人在社会中的地位及其与社会中主要机构的相互关系探讨犯罪原因,认为导致行为人犯罪的原因不是个体的因素而是社会的影响,该理论倡导者反对把犯罪看成个体生理因素导致的或是个体自由选择的结果。社会化过程理论认为犯罪是个体的人与社会不同组织之间相互作用的结果,例如正常人也许因为同辈或社会的压力、缺乏良好的教育、司法官员的作用等因素的影响而实施犯罪行为。西方国家的学者已开始运用社会学理论对危害环境的犯罪进行研究,例如有人提出用犯罪行为论(Theories of Criminality)及犯罪论(Theories of Crime)对危害环境的犯罪进行解释。犯罪行为论是传统社会学理论的一种,其目的在于用社会环境的观点解释犯罪行为,解释了为何某些团体的人员比其他团体的人更有实施犯罪的倾向,这种理论的倡导者认为以下因素是导致犯罪行为产生的根源:因被剥夺达到其人生目的之合法手段所受的挫折感、对犯罪价值观与规范的学习与模仿、正规组织(Formal institutions)如执法机构及非正规组织(Informal institutions)如家庭、宗教、职业中介机构等对社会控制功能的削弱或丧失。犯罪论近年来才开始在犯罪学论著中出现,犯罪学者米褐尔·格弗蕾德逊(Micheal Gottfredson)及塔维斯·核斯齐

（Travis Hirschi）指出，犯罪行为论与犯罪论的根本区别在于：犯罪行为论以犯罪人为研究的着眼点，重点探讨犯罪行为产生的原因；犯罪论则以犯罪为重心，着重探讨有犯罪倾向的人在何种条件下容易实施犯罪行为，它把犯罪看成社会生活中具有一定特性的事件，这类行为（指犯罪）会在特定时间、地点发生，实施该行为的主体还必须具备一定专长。用以上两种理论解释危害环境犯罪的原因，可以得出以下结论：危害环境犯罪的实施者主要是从事可能影响环境要素结构、成分的生产、加工的人们；这些人中有的因其合法的追求目标通过正当途径难以实现，在外部条件影响下实施了危害环境的行为；有些人是由于对违反环保法规的行为的毫无拒斥的接受、学习实施了危害环境犯罪的。

在此，我们采用西方犯罪原因社会学理论中的紧张理论（Strain Theory）及社会学习理论（Social Study Theory）来解释危害环境犯罪发生及蔓延的原因。

紧张理论认为在同一个社会区域中生活的人群，虽然因为经济状况的不同而拥有不同的社会地位，每一个社会区域中都会存在中上阶层人群和下层社会人群，但是这两类人群所追求的生活目标应当是基本一致的。只是由于自身条件的差异，因经济状况较好而有一定社会地位的中上阶层很少产生紧张感；但是下层社会的人群由于自身经济条件有限而很少能够以合法的途径达到理想的生活目标，这一人群会由于合法途径的封闭而产生紧张感，这时候这一人群一部分会选择以违法甚至犯罪的手段达到期望值，另一部分人群可能会选择消极的放弃原本理想的生活目标。该理论的代表人物美国社会学家罗伯特·默顿（Robert Morton）总结了几种在面临各种目标与方法的困境时可能采取的适应形式，即一致性（Conformity）、改良（Innovation）、逃跑主义（Flightism）和抗议（Rebellion）。

1. 一致性

当社会中的自然人或单位树立了与其自身条件相符并可以通过合法途径实现的目标时,一致性就出现了。在一个相对稳定的社会里,这是一种最普通的社会适应性,如果社会中大多数人不确立一致性的生活方式,社会就会动荡不安。

2. 改良

当社会中的个体树立了为公众所接受的生活目标,但又不能通过合法途径实现时,改良便出现了。默顿指出:几种社会适应模式中,改良与犯罪最为密切,渗透于各种形态的社会中。要获取成功的需要使那些缺乏经济优势及机会的人身负重担,以致他们只能采取不合常规的适应模式,以求自身的生存和发展。

3. 逃跑主义

逃跑主义者拒绝接受为社会公众接受的目标与手段,通常是在个体树立了社会可以接受的目标,但获取目标的途径却被剥夺的情形下产生的。这种人要么很遵守道德习惯,要么没有能力使用非法方法,他们以退却的形式逃避失败的痛苦。

4. 抗议

默顿指出,这种适应模式涉及对为社会所接受的目标与手段的选择。它是典型的革命化,这种革命化要求现存社会结构的实际变化,并且要求具有可供选择的生活方式、目标及信仰等。

默顿的理论模式因其范围和准确度而受到赞扬,它把失范行为与控制社会行为的目标联系在一起,为分析犯罪产生的原因提供了可资操作的思路,用该理论分析各种社会犯罪现象,不仅可以清晰地看出其原因,还能为防止犯罪制订出切实可行的预防方案。[1]默顿紧张理论中的某些规则可以用来解释危害环境犯罪发生的原因。在一定的社会条件下,存在为社会公众普遍接受的道德、价值观念和生活追求目标。所有进行社会生产、加工的企业,都以获取利润为目的;都想以最小的成本投入获得最大的收益,获取收益的目标要有与之相适应的手段,方能求得目标的顺利实现,否则,则会出现紧张状态。以竞争为特点的市场经济要求高质量产品及低成本投入,在激烈的竞争中,降低生产成本已成为了很多生产主体特别注意的因素,而安装防污设施、改进排污装置,无疑会增大生产成本,面对大量的增进防治污染而产生的非生产性开支,各生产主体会感到竞争压力的存在(就产生了紧张)。为避免压力,获取丰厚利润,有的生产、加工主体不愿进行改进防污、排污设施的投资,或者在办理生产、排污许可时,虚构本不存在的事实或者夸大事实真相,以欺骗手段获取各种许可证件,导致非法、超标排污的产生,形成危害环境的犯罪。这一点正印证了默顿紧张理论适应模式中的改良。再以废料的制造、处理为例,20世纪40年代以来,美国环境污染问题严重的主要原因在于废料处理费用的增加必然增加生产性成本,成本量的增大会降低企业的竞争能力。在此情形下,生产主体因感到紧张而采取非法措施进行废料处理,形成危害环境的犯罪,例如某药厂通过合法途径处理废料,需要使用55加仑装圆筒,每个圆筒成本约125美元,其他行业使用圆筒,每个成本约550美元,因为花费大,当然会减少盈余,有时甚至使企业丧失竞争能力,想继续生存的公司,则会在紧张中想出花费较少的处理方法,即以违法犯罪的方法处理废料。美国玛勒公司(Mahler Operations)从事石油

---

〔1〕 杨春洗、向泽选、刘生荣:《危害环境罪的理论与实务》,高等教育出版社1999年版,第256~257页。

工业的生产已有 30 余年的历史,经营管理 4 家废料油再制工厂,生产的再制润滑油约占全美总生产量的 6% ,拥有较好的声誉。20 世纪 70 年代以后,发现该工厂实施了与有毒废料相关的犯罪行为。追查该厂实施犯罪行为的原因在于 1976 年美国颁布了《能源保护及其再生法规》(Resources Conservation and Recovery ACT),该法对有毒废料的处理规定了严格的条件,使处理有毒废料的成本异常昂贵,企业竞争变得更为激烈,许多不道德的企业主为得到利润,不惜以身试法,所谓"夜间倾倒者"(Midnight Dumpers),即以低于市场价承包处理有毒有害废料的公司在全美境内出现,有些有毒废料生产者偷偷将废料藏在旧油中。有些再生产者则利用含有多氯联苯及其他有毒废旧油制造燃料油;有些不道德的燃料油消费者(房屋出租者)贪图便宜,购买这些廉价但可燃性很低的燃料油使用。这些燃料一旦燃烧会产生更多的毒物,并通过烟囱将这些毒物扩散到空气中。[1]以上事例说明,从事生产、经营的企业主体一旦发现实现自己的目标有困难或遇到阻力时,则会在紧张状态中找到实现自己目标的各种手段,在需要时甚至不排除以污染环境犯罪的方式达到目的。

---

〔1〕 〔美〕阿德勒:"犯罪行为人论对犯罪行为论—环境犯罪之犯罪论",见《国际环境刑法论文集》,法律出版社 2009 年版,第 529 ~ 531 页。

第三章　我国环境保护刑事立法的发展轨迹

第一节　我国古代社会的环境保护刑事立法

一、殷商时期

　　环境保护法规是现代法律体系下的产物，虽然我国封建时代的君主们根本没有环境保护这一意识，更没有想到要将环境保护的相关规定列入当时的刑律体系，但是为了维护封建统治的经济基础，实质意义上的利用当时的成文法或者君主的诰令来确立对环境的保护在我国的古代社会一直存在。

　　至今为止，可考证的最早成文法来自于公元前 17 世纪殷商王朝中"弃灰于道者断其手"的规定。这句话翻译成现代文就是：如果在马路上随意倒垃圾是严重的违法行为要被切掉手。据《礼记·地官》记载，在官吏的设置上，有管山的山虞，管林的林衡，管河的川衡。山虞的职责是:"掌山林之政令,物之守禁。仲冬斩阳木,仲夏斩阴木,凡服耜斩季材以时人之,令万民时斩材有期日,凡窃木者有刑罚。"[1]意思是山林里的树木是不能随意砍伐的。即使是正当的用途,例如制作工具或者修船造车等需要砍伐木材,也要在特定的时期,即每年的十月封山期后才能进行砍伐,违规砍伐的话就会被专门掌管山林的官员(称为山虞)进行处罚。川衡掌"巡川泽之禁令而平其守,犯禁者执向诛罚之"。[2]意思是说河流、湖泊中的鱼虾捕捞都是有特定的时间的,江河湖泊的开禁和封闭时间都是由专门的官吏(称为川衡)来掌握的,要是违反规定时间捕捞会被主管官员处罚,最重可达到死刑。在我国封建时期的早期就已经开始了对环境保护的相关刑事立法,这些可以考证的文献就是最好的例证。从秦代这一最初的封建王朝开始,秦始皇为了不断强化封建专制统治,也制定了一些关于环境保护的刑事规定。《睡虎地秦墓竹简法律答问》中记载:"或盗采人桑叶,赃不盈一钱,可何论? 赀徭三旬。"[3]因为当时桑叶是重要的养蚕植物,蚕丝也是非常珍贵的织物原料,所以在当时特别对桑叶这种植物加以保护,如果偷摘了别人的桑叶,偷得的桑叶价值不到一钱的,罚服徭役30天。这一法典的规定一方面是为了维护社会治安的需要,保护公民个人的合法私有财产,另一方面也从客观上给予了树木以充分的再生环境。

笔者对殷商王朝时期的法典进行分析,认为当时的统治者的初衷并不是保护环境,那一时期的奴隶主或者皇权从主观上完全不是出于

---

〔1〕 吴清房:"环境监管失职罪若干法律问题研究",西北民族大学2011年硕士学位论文,第5页。

〔2〕 同上,第6页。

〔3〕 汪金英:"我国环境保护刑事立法完善初探",东北林业大学2004年硕士学位论文,第2页。

造福于民或者是改善被统治阶级生活水平的目的,在客观上来看,当时人类的生产力还停留在解决生存需求的层面上,自然的力量远胜于人类改造自然的能力。因此当时也没有保护环境的迫切需要。统治阶级制定一系列的成文法,目的在于维护统治的权威性和满足统治阶级的私欲,但我们也不能否认,这一规定在客观上对环境资源的保护起到了一定程度的促进作用。可以看出当时的处罚多以刑事处罚的方式为主,虽然规定得十分简单粗暴,处罚也显得过重。但是也为我国现代立法中应将严重破坏环境的行为入刑这一理念找到了最早的可行性依据。

二、唐朝时期

进入我国封建文化发展的鼎盛时期——唐朝,当时法律发展的重要标志之一就是封建法制系统空前完善,同时相应的有关环境保护的法律和处罚标准相对也是最完备的一个时期。具体来说环境保护刑事立法的范围涉及很多领域:

(1)对于堤防和水利等方面有单独的保护性规定。《唐律疏义·杂律》中规定:"诸不修堤防及修而失时者,主司杖七十,毁害人家漂失财物者坐赃论减五等处罚,以故杀伤人者,减斗杀伤罪三等。"[1]即凡是不修堤防和不及时修造堤防的,对主管修堤的官吏处杖刑七十;因不及时修造堤防造成水患致使他人财物漂失的,以盗窃罪定罪减五等处罚。如果因此造成他人死伤的,以故意杀人罪或者故意伤害罪的标准减三等处罚。

---

[1] 汪金英:"我国环境保护刑事立法完善初探",东北林业大学 2004 年硕士学位论文,第 10 页。

（2）对文物进行了单独的保护规定。例如《唐律疏议》规定，"诸盗毁天尊佛像者徒二年"，"诸毁人碑碣及石兽者徒一年"。[1]规定处罚盗窃以及毁坏神像、佛像以及毁坏碑碣及石兽的行为，虽是出于维护封建神权的需要，但在客观上起到保护文物的作用。

（3）继续对山林、树木进行保护。为保护山林不受侵犯，在《杂律》中规定，"诸占固山野陂湖之利者杖六十"；"诸于山陵兆域内失火者徒二年，延烧林木者，流二千里"。[2]《唐律·杂律》还对不按时烧野火的行为规定了刑事处罚，"诸失火及非时烧田野者笞五十"。[3]对乱砍滥伐树木者处罚更重，例如"诸……毁伐树木稼穑者准盗论"。[4]

（4）有关城镇环境的规定，如"诸侵占巷街阡陌者杖七十……其穿垣出秽污者，杖六十，出水者勿论，主司不禁与罪同"。[5]意即，凡是侵占街巷田地的，处杖刑七十，如果打通城墙排放污染物、垃圾的，处杖刑六十；排出清水者不以犯罪论，主管官员不禁止的，以同样的罪名处罚。

唐律还对盗水以供私用的行为规定了刑事罚则。"诸盗决堤防者杖一百，若毁害人家及漂失财物赃重者，坐赃论，故决堤防者徒三年，漂失赃重者准盗论，以故杀伤人者，以故杀伤论"，意即若私自毁坏堤防盗水供给私用者处杖刑一百，凡私自盗水造成毁害人家及财物漂失流失，赃物数额较大的，坐赃定罪；若故意毁坏堤防的，处三年徒刑；故意盗水使他人财物漂失流失的，以盗窃论；若造成他人死伤的，以故意

---

〔1〕 汪金英："我国环境保护刑事立法完善初探"，东北林业大学 2004 年硕士学位论文，第 10 页。

〔2〕 同上。

〔3〕 同上。

〔4〕 同上。

〔5〕 同上。

杀人罪或者故意伤害罪论处。可见,唐朝统治者对山地、林木、文物及城市环境实行严格保护,虽说其立法的直接目的不是保护环境,但客观上对环境的整体及良性运转起到一定促进作用,事实上在当时也取得了较好效果。正如史书所述:"其时马牛被野、民物蕃息,海内富庶。"[1]同时,由于唐朝是封建社会发展的鼎盛时期,其立法的技术和社会文明程度在封建时期是最高的,因此唐朝的这些有关环境保护的刑事立法对它之后的封建王朝立法的影响都是起到了决定性作用的,之后各朝的环境保护刑事立法在很多方面沿袭了唐朝的立法理念和结构。而对现代立法来说,唐朝对环境保护的立法对象是过于狭隘的。例如对文物的保护是建立在唐朝当时极度发达的宗教信仰统治理念基础上的对封建神权的维护。不过从中我们也可以看出,不同的历史阶段立法都是和当时的政治、文化、经济、统治理念分不开的。唐朝当时的统治阶级将社会问题和矛盾控制得较为平衡,这很大程度上是因为当时的立法包括环境犯罪的立法都顺应和切合当时社会需求。因此在我国的现代立法中也应该效仿这种立法理念,将现阶段主要的环境犯罪行为和环境污染与经济发展的矛盾在立法上理性平衡。

三、宋朝时期

宋朝建立以后,宋太祖赵匡胤即位之初,就"课民种树,定民籍为五等,第一等种杂树百……民伐桑树枣为薪者罪之,剥桑三工以上,为首者死,从者流千里,不满三工者,减死配役,从者徒三年"(《宋史·

---

〔1〕 周其华主编:《环境保护法律全书》,中国检察出版社 2011 年版,第 1157 页。

食货志》）。〔1〕意即命令老百姓种植树木,并把老百姓分为五个等级,每年第一等种杂树 100 棵……砍伐桑树、枣树为柴薪是犯罪行为,剥桑树皮三工以上,为首者处死刑,从犯处流刑 3 年,不满三工者减死刑为发配到边远地区做劳役,从犯处徒刑 3 年。公元 963 年,宋朝颁布《宋刑统》,其中很多条文直接或间接规定了对自然环境的保护,并对故意或过失破坏自然环境的行为给予严厉处罚。《宋刑统·户婚律》规定:"户内永业田课植桑五十根以上,榆、枣各十根以上……应课植而不植者,每一事有失,合笞四十。"〔2〕意思是说,每户应在其永业田内种植桑树 50 棵以上,榆、枣树各 10 棵以上,应种植而不种植者,处笞刑 40。《宋刑统·杂律》规定:"剥人桑树,枯死至三工绞,不三工及不枯死者等科断。诸于山林兆内失火者徒三年,延烧林者,流二千里,杀伤人者,减斗杀伤一等。其在外失火而延烧者,各减一等。诸失火及非时烧田野者,笞五十。诸不堤防及修而失时者,主司杖七十。诸盗失堤防者,杖一百。若毁害人家及漂失之物,赃重者,坐赃论,若通入人家致毁者亦如之;其故决堤防者,徒三年,漂失赃重者,准盗论,以故杀伤论。"〔3〕这是宋朝在植树造林、保护山林及水利方面的法律规定。

对文物、艺术的保护,宋朝也做了规定。《宋刑统·贼盗律》规定:"诸盗毁天尊、佛像者,徒三年。"《宋刑统·杂律》规定:"诸失火者延烧庙及宫阙都绞,社减一等。……诸毁人碑碣及石兽者徒二年。"与唐朝一样,宋朝也规定了穿墙垣流放污秽物污染城镇环境的法规。《宋

---

〔1〕 陈德敏、乔兴旺:"中国植物资源刑法保护研究",见《林业、森林与野生动植物资源保护法制建设研究——2004 年中国环境资源法学研讨会(年会)论文集(第 2 册)》2004 年版。

〔2〕 同上。

〔3〕 同上。

刑统·杂律》规定:"诸穿垣出秽污者杖六十,主司不禁与罪同。"我们可以看出宋朝的环保立法很多方面是沿袭唐朝的,在这方面宋朝的君主建树颇少。但是由于唐朝的环保立法确实在当时较为先进实用,因而即使是在宋朝时期在客观上也起到了保护环境的效果。

四、元朝时期

元世祖忽必烈于 1279 年统一中国,建立元朝后,颁布了《至元新格》,其中也有一些关于环境保护的刑事规定。例如"诸于回野盗伐人材木者,免刺,计赃科断""诸盗塔庙神像服饰者断罪"(《元史·刑法志·盗贼》)。从这些规定中可以看出,元朝延续了前面几个朝代的传统,继续对破坏林木、文化古迹等封建君主关注的环境因素的行为进行刑罚处罚。同时元朝在保护水利方面也有法令相规定,"诸有司不以时修筑防堤,霖雨既降,水潦并至,漂民庐舍,溺民妻子,为民害者,本郡官吏各罚俸一月,县官各笞二十七"(《元吏·刑法志·官职下》)。这说明当时的地方官员对自己辖区内的民居和居民的人身安全是负有责任的,特别是当时由于人力有限导致自然灾害频发,每年各地官员的一项主要职责就是按时修筑堤防,如果不按时修筑,当汛期来临后大雨形成洪水冲走居民、房屋甚至造成人员伤亡的,对本郡官吏处以罚款,数额相当于一个月的俸禄,并对县吏进行鞭打。此外,元朝统治者还用诏令的办法直接保护环境,这些规定在当时也起到了造福于民的功效。

五、明清时期

到了封建社会晚期的明清朝代,由于立法技术的不断进步,封建君主对环境要素的关注更为全面,也越来越多地采用刑罚的方法来保护环境。在明朝建立初年,明太祖下令:"凡民田五亩至十亩者,栽桑,麻,木棉各半亩,十铢上倍之。"(《明史·食货志》)1404年颁布的《大明律》则明确规定,"凡毁伐树木稼穑者计赃准盗论""若毁损人房墙垣之类者计合用修造雇工钱坐赃论"(《大明律·田宅》)。即若毁坏、砍伐他人树木、庄稼的,按赃物以盗窃定罪处罚;假设损坏他人房屋、围墙的,按修造被毁房屋、围墙所需工钱计赃定罪。"凡失火之人延烧宗庙及宫阙者绞,社减一等,若于山陵兆域内失火者杖八十,徒二年;延烧林木者杖一百流二千里"(《大明律·刑律杂犯》)。这是明朝为保护林木,对毁坏林木及文物古迹的刑事规定。

在保护水利方面,明律也有规定,"凡盗决河防者杖一百,盗决圩岸陂塘者杖八十,若毁害人家及漂失财物淹没田禾、计物价重者坐赃论,固而杀伤人者,各减斗杀伤罪一等论处""若故决河防者杖一百徒三年,故决圩岸陂塘减二等,漂失赃重者准盗窃论,因而杀伤人者,以杀伤论"(《大明律·河防》)。"凡不修河防及修而失时者提调官吏各笞五十,若毁害人家漂失财物者,杖六十,因而致伤人命者杖八十""若不修圩岸及修而失时者笞三十"(《大明律·河防》)。

同时,明律同样重视对城市环境的保护,规定,"凡侵占街巷道路而起房盖屋以及为园囿者杖六十各复故,其穿墙而出秽污之物于街巷者笞四十"(《大有律·杂律》)。"京城内外街道若有作践掘成坑坎淤塞沟渠盖房侵占或傍城使军杀撤牲口损坏城脚……街道基盘问者问罪枷号一个月"(《大明律·条件》)。当时除了以成文法的形式确立了保护环境的处罚依据,明朝历代君主还会根据自己统治时期的现状以单独诏令的方式来处理突发的一些破坏环境的事件。例如在公元1414年的时候由于各地虫灾的现象很严重,明成祖永乐十年秋七月诏:"自今郡县官每岁春行视境内,蝗蝻害稼即捕绝之,不如诏者二司并罪。"

笔者认为,之所以有这样的法令是因为在封建时期,大多数百姓是以种地为生的,而当时的生产力水平低下,庄稼收成的好坏大多数情况下要依靠自然的作用,而如果某一年遇到蝗虫灾害,对农民来说将是灭顶之灾,同时也会影响到封建君主的税收所得。因此在当时防治蝗虫灾害是地方官吏的一项重要工作,当春天蝗虫卵开始孵化时就要在各自管辖的区域内勤于巡视,如果发现所管辖区域即将发生或者已经发生了蝗灾,应立即组织人力捕灭,疏于巡查或者故意不执行这一诏令的地方官吏将交给监察司、巡察司治罪。上述规定说明,明朝从建国初即重视自然环境的保护,由于明朝的开国君主朱元璋是农民出身,因此他很直观地感受过土地、林木、水利等自然环境对农民耕地的收成有着多么大的影响,也很清醒地认识到,农民收成的好坏和生存条件稳定与否直接决定了封建统治是否稳固。因此明朝统治者首先以刑事立法的形式规定保护了水利、林木、城镇环境等直接关系到百姓生产、生活的基本资料;同时还进一步以诏令的形式对树木、鱼、鸟兽等能够改善百姓生存环境的因素给予保护,并严格规定了不执行以上规定的人的刑事责任。

清朝统治者很崇尚汉人治国的方略,因此在行政机构方面几乎延续了与明朝执政时一样的设置,因此同样在环境保护方面也有专门的部门负责。例如设虞衡司"掌山泽采捕,陶冶器用",都水司"掌河渠舟航,道路关梁,公私水事"(《清史稿·职官志卷第一百十四》)。即在工部里设虞衡司负责分管山林湖泊的开禁、采捕与陶器冶炼等事宜;设都水司分管可渠船只的航行,道路、关津的修筑、开设及水利修建等事宜。《大清律》关于保护环境有如下刑事规定:"凡部内有水旱霜雹及蝗蝻为害,一应灾伤,田粮有司官吏应准告而不即受理申报检踏及本官上司不与委官复踏者各杖八十……""凡毁伐树木稼穑者计赃准盗论。若毁人坟茔内碑碣石兽者,杖八十;毁人神主者杖九十""凡于他人田园擅食瓜果之类坐赃论,弃毁者亦如之"(《大清律·户律田宅卷第九》）。"凡盗园陵树木者皆杖一百徒三年,若盗他人坟茔内树木者杖八十,若计赃重予本罪者,各名盗罪一等"（《大清律·贼盗卷二十四》）。"凡盗决河防者杖一百,决圩岸陂塘者杖八十,若毁害人家及漂失财物淹没田禾计物价重者杖一百徒三年,故决圩岸陂塘减二等,漂失重者准窃盗论,因而杀伤人者,以故杀伤论""凡不修河防及修而失时者提调官吏各笞五十、若毁害人家漂失财物者杖六十,因而致伤人命者杖八十。若不修圩岸及修而失时笞三十,固而淹没田禾者笞五十"（《大清律·河防》）。"凡侵占街巷道路而起盖房屋及为园圃者杖六十,各令复旧,其穿墙而出秽污之物于街巷者笞四十"（《大清律·工律巷第三十九》）。"在京城内外街道若有作践掘城坑坎淤塞沟基盖房侵占,或傍城使车撒放牲口损坏城脚及大清门前街道基盘开护门栅栏,正阳门外御桥南北门月城,将军楼,观音堂,吴王庙等处作践损坏者俱问罪枷号一个月发落"（《大清律例》）。《大清律》创新之处在于增加了对矿产资源保护的规定,"凡盗掘金、银、铜、锡、水银等矿砂,每金砂一斤拆银一钱五分,银矿一斤折银五分,铜锡、水银等砂一斤折银一分一厘五毫,俱计赃准窃盗论"（《大清律例》）。可见,清朝在环境保护刑事立法上,除了吸收历代的立法经验,由于当时生产和制造业的发展也促使清政府开始把目光投向对矿藏资源的保护。同时清朝统治者还重视对黄河、淮河、海河和各省水利的开发整治利用,并订立了惩治失职官吏的法令和惩治盗卖水的法律。[1]

第二节　我国近代社会的环境保护刑事立法

自1840年鸦片战争以来,中国开启了近代史的篇章,但是环境保

---

〔1〕 严足仁:《中国历代环境保护法制》,中国环境科学出版社1989年版,第47页。

护刑事的立法还延续了清朝末期的相关法律规定。直到"中华民国"时期,沿海一带现代工业有所发展,环境因此受到一定程度的污染和破坏。但由于当时特殊的社会性质及社会结构,整个"中华民国"时期社会动荡不安,政权更迭频繁导致环境立法残缺不全,几乎查找不到防治污染的专门法规。仅从中华民国"六法全书"里可以看出有关环境保护的法律有《渔业法》《森林法》《河川法》《矿业法》《狩猎法》《堤防造林及限制倾斜地垦执法》等。其中,有些法规中也有涉及刑事处罚的规定。

从这些零星的法律中我们不难看出国民党统治时期的环境保护刑事立法仅限于对森林、鸟兽、鱼类、农业、河川等的保护。当然,到国民党统治时期已进入环境保护系统立法时期,这在环境保护刑事立法史上是有着历史意义的一次进步。而这一步是必然的也是被动的。因为从我国两千余年环境保护立法的历史发展过程看,由于工农业生产的发展、人口的增多、城市的兴起,统治阶级不得不进行一定程度的环境保护刑事立法。由于当时较特殊的社会结构,加上国民党统治者对环保认识的局限性,对工业发展、城市污染、海洋污染等引起的环境问题没有纳入立法视野,这又不能不说是当时环境保护刑事立法的缺陷。

第三节 我国现代社会的环境保护刑事立法

1949 年中华人民共和国成立标志着我国开启了现代史的篇章。在中华人民共和国成立初期,我国的人口数量已经初具规模,但由于经历了长期的战乱导致我国的生产力水平急需恢复,工业基本处于从零开始的阶段,经济水平十分低下,因此对资源开发利用能力有限,环境破坏问题还不十分严重。据统计,1949 年解放时,人民政府没收官僚资本主义工业企业 2858 个,全部工业总产值不超过 140 亿元。但自 20 世纪 70 年代末,我国的生产设备终于和国际社会开始接轨,我国的工业生产力水平不断提高,逐步成为著名的"世界工厂"。为了解决贫困和温饱问题,我国在解放生产力、加快经济发展的初期,开始并未注意到严峻的环境保护问题,这在一定程度上可以说是为了发展经济而不惜以牺牲环境作为代价,所以到了今天,环境问题已到了令人非常震惊的地步。据有关部门分析,自 20 世纪 70 年代开始实施环境监测以来,整体而言中国的环境状况一直处于恶化状态。这期间特别是 20 世纪 90 年代以来,虽然出现了一些局部的改善,但也只限定在局部地区或某些特定领域,绝大多数地区、行业、部门的环境状况仍处于令人担忧的状态,主要表现为:

(1)中国是世界上水污染程度最严重的国家之一,且仍在恶化。据统计,我国人均水资源拥有量为 2200 立方米,仅是世界平均水平的 1/4。我国主要流域和湖泊的水质只有 26.9% 的断面可供人体接触或做饮用水源,已有 37.7% 的工农业用水均不能使用,失去了可利用价值。

(2)土地荒漠化程度一直没有降低。据有关资料介绍,从 20 世纪 50 年代至 90 年代,我国每年沙化土地面积从 560 平方千米增加至 2460 平方千米。强沙尘暴发生的次数也由 20 世纪 50 年代的 5 次增加到 90 年代的 35 次,2000 年则一年超过了 10 次,可见中国已成为世界上水土流失最严重的国家之一,土地沙漠化、酸化过程也在加速。

(3)固体废弃物污染由于城市生活垃圾迅速增加而日益严重。

(4)水生态平衡失调不断加重,导致河流断流,湖泊萎缩,湿地破坏加剧,地下水位持续下降,冰川后退,雪线上升。

(5)生物多样化遭到破坏的势头在加剧。

(6)由于工业化、城市化进程的推进以及汽车使用的增加,大气污染十分严重。

(7)森林覆盖率虽然有所上升,但由于天然林受到破坏,森林质量呈持续下降趋势。[1]

据预测,到 2050 年,我国人口将达到 16 亿,总取用水量将达到 7000 亿 ~ 8000 亿立方米,水资源、能源、矿产资源将出现被大量消耗、紧缺的状况。环境安全已成为制约经济可持续发展的重要因素,若再不对环境采取保护对策,将会影响我国乃至全世界的经济发展和人民的生活质量。

经过分析环境污染犯罪的这一发展趋势,当统治者意识到环境破坏问题的严重性后,对环境破坏行为逐步加强了刑罚调整的力度。在 30 多年的刑法发展历程中,关于环境保护的刑事立法也历经了数个不同时期。

一、民法、行政法和刑法交互使用时期

在此期间,法律预先制定了各种污染物的排放限值和环境质量标准,针对超标排放行为和其他对环境的破坏行为,根据行为的性质、原因、产生的有害后果从环境管理和调控的法律机制出发进行民事制裁、行政处罚甚至刑事处罚。由于此时我国经济发展尚处于起步阶段,环境污染和其他危害环境的犯罪并不突出,刑法关于环境犯罪的规定比较分散,而且并不是基于环境保护的角度,故不足以从根本上体现对生态平衡和生态环境的保护。[2]

1979 年《刑法》中规定了一些罪名直接或者间接地对危害环境的犯罪行为进行处罚。这些罪名具体包括:

(1)在分则第二章中的罪名规定:《刑法》第 105 条、106 条规定的以危险方法破坏河流、水源、森林等危害公共安全罪;第 114 条规定的

---

〔1〕 《中国环境与发展评论》(第 1 卷),社会科学文献出版社 2001 年版,第 4 页。
〔2〕 王秀梅:《破坏环境保护罪的定罪与量刑》,人民法院出版社 1999 年版,第 7 ~ 8 页。

重大责任事故罪;第 115 条由于违反爆炸性、易燃性、放射性、毒害性、腐蚀性物品的管理规定,在生产、储存、运输、使用过程中发生重大事故,造成严重后果的犯罪规定,即违反危险物品管理规定肇事罪。

(2)在分则第三章中的罪名规定:《刑法》第 128 条规定了盗伐、滥伐林木罪;第 129 条规定了非法捕捞水产品罪;第 130 条规定了非法狩猎罪。

(3)分则第八章仅在玩忽职守罪中规定了关于国家工作人员由于玩忽职守,造成重大环境污染事故或者破坏,致使公私财产、国家和人民利益遭受重大损失的规定。

从以上笔者列举的具体罪名不难看出,1979 年《刑法》中对于环境犯罪的规定远远不能适应实际的需求,特别是在 1979 年《刑法》实施不久后,我国开始进入改革开放后的高速发展时期,在经济发展的同时环境也受到了严重破坏,1979 年《刑法》中的这几个简单的罪名规定远远不够,这使得司法实践中出现了无法可依的尴尬局面。

二、对 1979 年《刑法》进行补充时期

基于以上 1979 年《刑法》中诸多罪名立法空白的问题,同时也在充分把握环境资源价值的特殊性,特别是环境保护关系应有的独立性的基础上,当时的立法者在 1997 年《刑法》出台之前通过制定单行刑法和附属刑法的方式来满足司法审判的需求。例如 1988 年 11 月全国人大常委会通过了《关于惩治捕杀国家重点保护的珍贵、濒危野生动物犯罪的补充规定》,将非法捕杀国家重点保护的珍贵、濒危野生动物的行为规定为犯罪,从而将该犯罪行为从原来的非法捕捞水产品罪和非法狩猎罪中分离出来。[1]在附属刑法中,20 世纪 80 年代出台的

---

〔1〕 王秀梅:《破坏环境保护罪的定罪与量刑》,人民法院出版社 1999 年版,第 7 ~ 8 页。

一系列环境保护法律包含了环境保护刑事条款的内容,例如1982年的《中华人民共和国海洋环境保护法》第44条,1984年的《中华人民共和国森林法》第34~36条,1984年的《中华人民共和国水污染防治法》第43条,1990年的《中华人民共和国水污染防治法》第57条,1986年的《中华人民共和国渔业法》第28条、29条,1987年的《中华人民共和国大气污染防治法》第38条,1995年的《中华人民共和国大气污染防治法》第47条,1989年的《中华人民共和国环境保护法》第43、45条,1995年的《中华人民共和国固体废物污染环境防治法》第66条、72条、73条。[1]由于1979年《刑法》还在适用类推原则,虽然表面上可能弥补了一些1979年《刑法》罪名数量过少的缺陷,但是也大大增加了司法实践中对破坏环境的犯罪行为处罚的随意性和不统一的可能。同时,由于很多环境犯罪的法律规定的操作性不强,因而给司法实践中认定罪与非罪增加了很多实际认定的难度。

三、1997年《刑法》颁布实行时期

1997年《刑法》在第六章"妨害社会管理秩序罪"中明确规定了"破坏环境保护罪"专节,该节共计9个法条14种罪名。具体规定在《刑法》第338条至《刑法》第345条中。这14个罪名中除了保留1979年《刑法》原有的4个罪名并加以修正外,其余罪名都是1997年《刑法》新增设的。同时,1997年《刑法》第346条还规定:单位犯本节第338条至345条规定之罪的,对单位判处罚金,并对其直接负责的主管人员和其他直接责任人员,依照本节各该条的规定处罚。由此可见,1997年《刑法》第一次将单位规定为环境犯罪的主体,这表明我国刑法对环境犯罪正式排除了单罚制而同时处罚单位和具体责任人。

---

〔1〕 李静:"我国环境犯罪的立法现状及完善",山东大学2010年硕士学位论文。

从笔者客观的分析看来,1997 年《刑法》突破了我国以往的环境犯罪立法模式,明确了对各种破坏环境资源保护犯罪的处罚,在我国环境犯罪立法史上又迈出了一大步。从整体上看,1997 年《刑法》中规定的环境犯罪主要有以下特点。

（一）设专节惩治环境犯罪

1997 年《刑法》将 1979 年《刑法》、单行刑法和附属刑法中所有有关环境保护方面的犯罪规定进行补充、修改、整理,做了系统而科学的规定,集中置于《刑法》分则第六章第六节"破坏环境保护罪"中,并分别规定了一系列环境犯罪的具体罪名,充分体现了我国保护生态环境和生活环境的特点和要求。[1]

（二）拓展了环境犯罪的范围

我国《环境保护法》第 2 条规定:"本法所称环境,是指影响人类生存和发展的各种天然和经过人工改造的自然因素的总体,包括大气、水、海洋、土地、矿藏、森林、草原、野生生物、自然遗迹、人文遗迹、自然保护区、风景名胜区、城市和乡村等。"所有污染和破坏这些环境因素的行为,都是侵害环境保护管理秩序的行为,从而应受到法律的惩罚。1997 年《刑法》依照环境因素的自然属性和犯罪手段的特征,将环境犯罪分为两类:一是污染环境罪,即自然人或单位非法向环境投入大量物质或能量,超过了环境的自净和调节机能,引起环境质量下降,造成严重后果的行为,例如重大环境污染事故罪、非法处置境外固体废物罪、擅自进口固体废物罪;二是破坏自然资源保护的犯罪,即自然人或单位在开发利用自然资源的活动中,非法从自然界取走某些物资、物种,改变或破坏自然环境的原有面貌、

---

〔1〕 邵道萍:"中国环境犯罪立法模式之构想",载《广西政法管理干部学院学报》2004 年第 2 期。

形状以及其他非法排污性活动,超过了自然环境的自我调节及平衡机能且情节严重的行为,例如非法猎捕、杀害珍贵、濒危野生动物罪,非法采矿罪,破坏性采矿罪,非法用耕地罪,非法采伐和毁坏珍贵树木罪。[1]这一规定使得原来那些因无法可依而未受到处罚的破坏环境资源犯罪得到了应有的制裁。

（三）增加了"单位犯罪"的规定

1997 年《刑法》第346 条将单位规定为环境犯罪的主体。环境犯罪与其他犯罪的不同在于,多数情况下,环境犯罪的产生主要是从事生产和开发经营活动的单位只顾眼前利益而不顾行为后果所造成的。过去我国的刑事立法,对环境犯罪只追究直接责任人员的刑事责任,而单位不承担任何责任,这是极不公平的。1997 年《刑法》不仅规定了直接责任人员及主管人员的刑事责任,还对单位给予相应的刑事处罚,这样有利于督促单位生产经营合法化、减少污染和破坏环境的可能。[2]

（四）提高了刑罚的力度

1997 年《刑法》一方面对原属行政处罚的违反环境保护法的行为规定了刑事处罚条款;另一方面还将一部分破坏环境和资源犯罪的法定最高刑提高以加重惩罚力度,体现了立法者对这些犯罪加重处罚的意图。[3]这也充分体现出了我国对环境犯罪的从严、从重处罚的趋势。

四、1997 年《刑法》修订和完善时期

1997 年《刑法》出台之后,国家立法机关和司法机关针对《刑法》

---

〔1〕 王秀梅:《破坏环境保护罪》,中国人民公安大学出版社 2003 年版,第 7 页。

〔2〕 邵道萍:"中国环境犯罪立法模式之构想",载《广西政法管理干部学院学报》2004 年第 2 期。

〔3〕 同上。

中关于环境犯罪的规定之不足又颁布了一系列的刑法修正案、立法解释和司法解释。

（一）立法解释

2001 年 8 月第九届全国人民代表大会常务委员会通过的《全国人民代表大会常务委员会关于〈中华人民共和国刑法〉第二百二十八条、第三百四十二条、第四百一十条的解释》规定：1997 年《刑法》第 228 条、第 342 条、第 410 条规定的"违反土地管理法规"，是指违反土地管理法、森林法、草原法等法律以及有关行政法规中关于土地管理的规定。《刑法》第 410 条规定的"非法批准征用、占用土地"，是指非法批准征用、占用耕地、林地等农用地以及其他土地。

（二）最高人民法院《关于审理非法采矿、破坏性采矿刑事案件具体应用法律若干问题的解释》

2003 年 5 月，最高人民法院颁布了《关于审理非法采矿、破坏性采矿刑事案件具体应用法律若干问题的解释》。该司法解释对 1997 年《刑法》第 343 条中的"未取得采矿许可证擅自采矿""造成矿产资源破坏""造成矿产资源严重破坏"等犯罪客观方面的行为和表现进行了明确和具体的界定。

（三）2011 年《刑法修正案（八）》的规定

至今为止，我国刑法总共经历了九次修正案，而在 2011 年第八次修正案中，对环境犯罪的相关内容进行了修订，将《刑法》第 338 条修改为："违反国家规定，排放、倾倒或者处置有放射性的废物、含传染病病原体的废物、有毒物质或者其他有害物质，严重污染环境的，处三年以下有期徒刑或者拘役，并处或者单处罚金；后果特别严重的，处三年以上七年以下有期徒刑，并处罚金。"

《刑法》第 343 条第 1 款被修改为："违反矿产资源法的规定，未取得采矿许可证擅自采矿,擅自进入国家规划矿区、对国民经济具有重要价值的矿区和他人矿区范围采矿,或者擅自开采国家规定实行保护性开采的特定矿种,情节严重的,处三年以下有期徒刑、拘役或者管制,并处或者单处罚金;情节特别严重的,处三年以上七年以下有期徒刑,并处罚金。"

（四）最高人民法院、最高人民检察院《关于办理环境污染刑事案件适用法律若干问题的解释》

为依法惩治有关环境污染犯罪,最高人民法院、最高人民检察院联合发布了《关于办理环境污染刑事案件适用法律若干问题的解释》（以下简称《解释》）,自 2013 年 6 月 19 日起施行。这一司法解释的出台,标志着最高司法机关向环境污染犯罪伸出了又一把利剑,也显示出了对惩治和防范环境污染犯罪从严处罚的刑事政策。

1. 降低了入罪门槛

《解释》界定了严重污染环境的 14 项认定标准,有效地解决此类案件办理中取证难、鉴定难和认定难的实际问题。首先是降低了污染环境罪的定罪量刑的门槛,例如,过去"污染环境造成一人以上死亡的"才能定罪,现在"一人以上重伤"就可以了;过去"造成三人以上死亡的,才能加重处罚,现在只要造成一人以上死亡"就可以。再如,只要"查明行为人非法排放含重金属、持久性有机污染物等严重危害环境、损害人体健康的污染物超过国家污染物排放标准三倍以上,不论是否造成实害后果",依据《解释》的规定,均应当以污染环境罪追究刑事责任。这就有效解决了环境污染犯罪案件办理中取证难、认定难等实际问题,将刑法的威慑和惩治落到了实处。

2. 单位主管人员污染环境可定罪

在司法实践中,不少环境污染犯罪是由单位实施的,此类行为往往具有更大的社会危害性。《解释》第 6 条明确规定,对于单位实施环境污染犯罪的,不单独规定定罪量刑标准,而是适用与个人犯罪相同的定罪量刑标准,对直接负责的主管人员和其他直接责任人员定罪处罚,并对单位判处罚金。

3. 环境监管失职要担刑责

根据《刑法》环境监管失职罪的规定:"负有环境保护监督管理职责的国家机关工作人员严重不负责任,导致发生重大环境污染事故,致使公私财产遭受重大损失或者造成人身伤亡的严重后果的,处三年以下有期徒刑或者拘役。"《解释》第2条对环境监管失职罪的入罪要件"致使公私财产遭受重大损失或者造成人身伤亡的严重后果"的认定标准做了明确规定,例如致使乡镇以上集中式饮用水水源取水中断十二小时以上的;致使公私财产损失三十万元以上的;致使三十人以上中毒的。

4. 具体规定了认定"严重污染环境"的14项标准

"《解释》第一条规定:(一)在饮用水水源一级保护区、自然保护区核心区排放、倾倒、处置有放射性的废物、含传染病病原体的废物、有毒物质的;

(二)非法排放、倾倒、处置危险废物三吨以上的;

(三)非法排放含重金属、持久性有机污染物等严重危害环境、损害人体健康的污染物超过国家污染物排放标准或者省、自治区、直辖市人民政府根据法律授权制定的污染物排放标准三倍以上的;

(四)私设暗管或者利用渗井、渗坑、裂隙、溶洞等排放、倾倒、处置有放射性的废物、含传染病病原体的废物、有毒物质的;

(五)两年内曾因违反国家规定,排放、倾倒、处置有放射性的废物、含传染病病原体的废物、有毒物质受过两次以上行政处罚,又实施前列行为的;

(六)致使乡镇以上集中式饮用水水源取水中断十二小时以上的;

（七）致使基本农田、防护林地、特种用途林地五亩以上，其他农用地十亩以上，其他土地二十亩以上基本功能丧失或者遭受永久性破坏的；

（八）致使森林或者其他林木死亡五十立方米以上，或者幼树死亡二千五百株以上的；

（九）致使公私财产损失三十万元以上的；

（十）致使疏散、转移群众五千人以上的；

（十一）致使三十人以上中毒的；

（十二）致使三人以上轻伤、轻度残疾或者器官组织损伤导致一般功能障碍的；

（十三）致使一人以上重伤、中度残疾或者器官组织损伤导致严重功能障碍的；

（十四）其他严重污染环境的情形。"

五、小结

笔者从古代有记载的环境保护的成文法梳理至现行的环境保护刑事立法，发现以成文法的方式进行环境保护刑事立法是我们一直沿用的传统方式，但是封建社会时期由于统治者政治的局限性而存在着保护的对象范围过窄这一明显问题。

第一，由于封建社会时期的立法体现的是少数封建王权的意志，处于人治而非法治的状态下，因此对于环境保护的规定和立法显得非常随意，主要是为了迎合封建君王的喜好和关注点，并且和当时的文化发展有着十分密切的关联。例如在唐朝，由于当时的君主十分推崇佛法，不仅佛教盛行，寺庙碑碣林立，因此在立法中也特别保护了这一方面的文物古迹，这类立法虽然在客观上也起到了保护环境的作用，但是带有明显的封建统治者意志的局限性特征，对当时的绝大多数平民来说并没有从中获益,反而给他们的日常生活带来多余的负担。

第二,我国古代刑罚的处罚过重以及酷刑主义和重刑主义在环境保护刑事立法中也表现的十分明显,动辄将污染和破坏环境的行为和盗窃、故意伤害甚至故意杀人罪视为同等罪行适用同等处罚标准,从现代刑法中的罪责刑相适应原则来分析这一处罚准则是过于严苛和不合理的。

第三,我国古代社会的环境保护刑事立法的发展状况也是和各个朝代的经济发展密切相关的,在唐朝,由于封建社会的经济和生产力水平发展到巅峰时期,因此唐朝的环境保护立法不论是从体系的完备性还是重视程度、创新点来看都是空前发达的,这可以说是封建社会时期经济发展到顶点的衍生产品。但是自唐以后,封建社会政治、经济不可避免地走向衰落,随之而来在立法中也显现出沿用原有的法典规定,没有创新,甚至到了晚清时期经济衰退、国家主权岌岌可危的阶段,环境犯罪的立法和司法可以说完全进入名存实亡的阶段。

近代社会由于是我国特殊的历史时期,内战不断、军阀割据甚至受到他国的侵略。这一时期的整个立法特别是环境犯罪立法的停滞和倒退同样地印证了经济、政治的稳定和发展是和立法的发展成正相关的。

当下,我国环境犯罪的立法主要采取的还是成文法的模式,即以《刑法》为一个主要的法典依据,在刑法典中设专节规定环境犯罪的模式,在其中规定了各种环境犯罪的主要罪名。其次以单行刑法、刑法修正案和最高人民法院、最高人民检察院出台的司法解释为刑法典的补充内容。这种模式的优势在于可以保证刑事立法的法典化、统一化。同时近些年我国在刑法中加大了运用刑事手段控制污染的力度,从1997年《刑法》中可以看出不仅专节规定了破坏环境保护罪,而且专门规定了重大环境污染事故罪、非法处置进口固体废物罪、擅自进口固体废物罪三个罪名,以惩治严重污染环境的犯罪行为。2011 年 2 月,《刑法修正案(八)》第 46 条又将刑法第 338 条规定的重大环境污染事故罪修改为污染环境罪,降低了入罪要求。并在 2013 年 6 月 19 日由最高人民法院和最高人民检察院联合出台了《关于办理环境污染刑事案件适用法律若干问题的解释》这一重要的司法解释。这一司法解释规定了很多环境犯罪入罪标准的降低,体现了从严打击环境污染犯罪的立法精神。应该说,我国过去 30 多年的环境保护刑事手段在控制环境污染的力度上,从无到有、从弱到强,环境刑法体系初步形成:"刑法对环境领域的调控范围日益扩张,环境犯罪圈日益膨胀,频密的犯罪化活动构成了三十年环境保护刑事立法的主旋律,具有中国特色的环境保护刑事保护法律体系以及形成规模。"[1]

这种合作的模式虽然凸显出了刑法的基本地位,也体现了立法者从严打击环境污染犯罪的立法精神,但是随着环境犯罪问题的复杂化和多样化的加强,我们不难看出现行刑法典中对于环境犯罪的规定远远不足,而采用其他形式的补充则往往具有随意性,易产生相互之间的衔接和冲突问题。立法分散、昭示性效果不明显、环境保护刑事保护手段的严厉性不突出等弊端也显而易见。因此,随着我国立法理念、立法技术和立法体系的不断发展,制定专门的具有中国特色的《环境犯罪惩治法》也绝非没有可能。[2]当然重新制定一部法典需要经过很长的论证和制定周期,在短时间内可能无法实现,因此笔者认为现阶段在刑法典中对环境犯罪内容进行大量修改是势在必行的。而要对刑法典的内容进行修改,除了前文中纵向地

---

〔1〕 高铭暄、徐宏:"环境犯罪应当走上刑法'前台'",载《中国检察官》2010 年第 2 期。

〔2〕 蒋香兰:"新南威尔士州《环境犯罪与惩治法》的立法特色及启示",载《中国地质大学学报》2013 年第 1 期。

对我国的环境保护刑事立法轨迹进行总结,横向地和世界其他发达国家和地区的环境保护刑事立法进行比较,汲取先进的立法经验也是十分必要的。因此笔者将在下一章中对域外的环境保护刑事立法进行研究。

第四章 域外环境保护刑事立法研究

我国的环境保护刑事立法起步相对较晚,而世界其他代表性的发达国家和地区早就意识到了保护环境的重要性和以立法约束环境污染行为的必要性。不管是英美法系的国家还是大陆法系的国家,很多都已完成了创立健全的成文法的工程。其中立法的高峰期大多集中在 20 世纪 70 至 90 年代。为何都选择在这一时期加强环境保护的刑事立法,究其原因是因为自 20 世纪 50 年代起,发达国家纷纷进入了工业革命时期。在经济飞速发展的同时,每个发达国家的环境污染问题也成为了一个巨大的社会毒瘤。当时各国政府纷纷意识到了要想长远地发展经济和提高国家实力,环境污染问题一定要解决。因此各国不约而同地在后工业革命时期开始进行了环境保护刑事立法的工作。本章也就以处于不同法系的不同国家、地区作为分类标准对世界各国立法进行介绍和分析,以期对我国环境保护刑事立法的完善有所裨益。

第一节　英美法系国家的环境保护刑事立法

一、英国的环境保护刑事立法

英国的环境保护刑事立法起步较早,从渊源上考察,可以追溯到13 世纪。但其环境保护刑事立法的繁荣则是 19 世纪末 20 世纪中叶以后的事。英国工业革命开始较早,资源的利用较为广泛,污染问题的出现也较其他国家早。为了控制污染,英国政府颁布了一系列的环境保护法规:例如 1847 年的《煤气事业法》、1888 年的《海洋渔业管制法》、1865 年的《地下水利用法》、1866 年的《环境卫生法》、1874 年的《河川污染预防法》、1906 年的《企业管制法》、1913 年的《煤烟防治法》、1922 年的《水域用油法》、1960 年的《噪声防治法》等。英国早期的法规大都通过规范人们对环境的利用方式以达到对环境保护的目的。随着环境污染的日益加重,刑事手段开始介入环保领域。1963 年的《水资源法》对伪造情报、谎报事实者规定了刑事罚则,1974 年的《污染控制法》对违反内陆地表水、地下水和沿海水域污染的控制措施者规定了刑事罚则。此外,规定有环境犯罪的法规还有:1936 年的《公共卫生法》、1971 年的《油污染防治法》、1974 年的《海洋倾倒法令》、1975 年的《爆炸物法》、1976 年的《危险的野兽法》、1984 年的《食品法》等。

除了以上的零散立法外,英国大量的、较为完备的环境保护刑事法律的制定主要还是 20 世纪 90 年代以后的事情。涉及的主要环境保护刑事法律有:1990 年颁布的《环境保护法》、1991 年颁布的《水资源法》、1993 年颁布的《清洁空气法》、1995 年颁布的《环境法案》以及1990 年颁布的《城镇与乡村规划法》和《注册房屋及保护区域计划法》

等,这些法规也都规定了刑事责任的条款。

总之,英国环境刑法的特点主要有:其一,由于英国不具有成文法的传统,没有统一的刑法典,故其环境刑法是以环境行政法中的附属刑法条款为主,有关环境犯罪的刑罚都以大量的环境保护单行法规的规定为准;其二,环境刑法的功能的强弱依赖于环境行政法的具体规定;其三,环境刑法处于辅助的地位。[1]

二、美国的环境保护刑事立法

自20世纪40年代开始,美国经济摆脱了停滞和萧条,进入了持续发展时期。从1940年到1970年的30年间,其国民生产总值由966亿美元增长到9900亿美元。在经济发展和繁荣的同时,美国的环境污染和资源破坏也沉疴日重,重大环境污染事件不断发生,仅洛杉矶光化学烟雾事件就导致5900多人患病,17人死亡。生态环境遭受的破坏使美国经济在一个时期内难以继续腾飞。当时的美国政府在此状态下开始认识到,必须加强国家对经济活动以及由此带来的副作用的干预和管理,故美国政府尝试用刑事法律手段来对付严重污染和破坏生态环境的违法犯罪行为。但由于美国是拥有英美法系国家传统、实行判例法制度的联邦制国家,因此至今仍然没有一部完整、统一的联邦刑法典,其刑事法律渊源主要由如下三部分组成:美国联邦刑法(即《美国法典》第18篇),美国50个州在州范围内制定和实施的州刑法,美联邦和各州制定的各种各样的行政法规、经济法规中的刑事法律条款。与此相适应,美国的环境刑法渊源也形成了自己独特的个性,从而有别于日本、德国的生态环境犯罪的专门刑事立法,它既包括了环境法规中含有的刑事条款,也包括与生态环境犯罪相关的判例。

---

〔1〕 王秀梅:"英美法系国家环境刑法与环境犯罪探究",载《政法论坛》2000年第2期。

（一）美国联邦环境保护法规中对危害环境犯罪的规定

1.《清洁空气法》中对环境犯罪的规定

该法主要规定的是废气污染、扩散及其标准,对违反这些规定造成环境严重危害的行为规定了刑事责任。例如:对故意违反国家关于有害物质的排放标准及《清洁空气法》规定的其他标准或规定的,过失排放有毒物质的,为符合法定排放标准而对有关需要保存的文件中的事实作虚假陈述或故意篡改,未提供有精确的污染控制计划的,故意不向政府缴纳费用的规定等行为要进行刑事处罚。1991年的修正案进一步扩大了法律保护与实施的范围,规定了更重的刑事处罚原则。

2.《清洁水法》中对环境犯罪的规定

该法于1948年颁布,经过5次修改后又于1972年重新颁布,该法又称《联邦水污染控制法》,其主要内容是对航道排放污染物进行管理,向定点排污源发放许可证,规定排污物的最高限量等。违背本法的环境犯罪行为有:过失违反许可证规定的条件或排放标准、其他限制性条件的;过失将污染物、危险物排入地下水道或公共污染处理站的;故意实施前述行为的;如果明知实施以上行为会造成他人生命危险还依然实施的;故意在依法应当呈报或保存的记录、报告、申请、计划等文件中作虚假陈述的行为。

3.《资源保护回收法》中对环境犯罪的规定

该法颁布于1976年,又称《固体废弃物处置法》或《资源回收法》,其规定的环境犯罪行为主要有:任何人故意运输或导致运输危险废弃物到没有许可证的设施的;故意处理、储存或处置危险废弃物的;在证明符合行政当局规定的申请、标签、证明、记录、报告、许可证或其他文件中,故意隐瞒有关材料信息或对材料作虚假描绘或陈述的;故意制造、储存、处理运输、处置、出口或以其他方式处理危险废弃物或用过多的废弃油,并故意毁坏、篡改、隐瞒或者不报送应当保存或报送的记录、申请、证明、报告或其他文件的,没有证明而故意运输或导致运输应有证明的危险废弃物或用过的废弃油的;违反美国与其他国家签订的协议,故意出口危险废物的;故意储存、处理、运输或导致运输、处置或以其他方法处理危险废弃物或用过的废弃油等行为。

4.《海洋保护、开发及制裁法》中规定的环境犯罪行为

该法规定,未获允许故意将废物倒入美国领海、内水、毗连区的,故意将医疗废水倒入海洋的是犯罪行为,要处以罚金或监禁。美国 20世纪 70 年代以后颁布的其他环境行政法规中,也或多或少地规定了环境犯罪行为,例如 1980 年颁布、1986 年修正的《环境反应、赔偿和责任综合法》、1990 年颁布的《石油溢漏法》《联邦杀虫剂、杀真菌剂及灭鼠药管理法》等。

(二) 美国各州关于危害环境犯罪的规定

美国环境法的发展以州立法为主。在环境刑法方面,主要由各州决定其规范。除核能利用、杀虫剂使用、有毒化学品排放联邦与各州规定一致外,其他许多方面联邦与州环境法律规定不相一致,州法律有的规定比联邦轻,有的规定与联邦法规基本相适应。例如大多数州在水污染法规中规定了刑事罚则,约有 10 个州没有规定剥夺自由的监禁刑,爱华达州则根本没有规定刑事责任,仅有 6 个州规定的刑事责任种类及严厉程度与联邦《清洁水法》的规定相适应。[1]

在此笔者认为,美国的环境保护刑事立法承继了英国环境保护刑事立法的传统,没有统一的刑法典对环境犯罪进行规定,而是在联邦环境保护行政保护法规中直接规定刑事罚则。可见,美国环境刑法对环境犯罪的适用,属于辅助性的附属刑法。虽然美国联邦及各州在许

---

〔1〕 杨春洗、向泽选、刘生荣:《危害环境罪的理论与实务》,高等教育出版社 1999 年版,第 88 页。

多环境法规中规定了环境犯罪,但并不意味着美国将环境刑法作为环境保护的首要法律武器,实际上,美国的许多民事、行政诉讼均可替代刑法的作用加以适用。无论如何,美国目前的刑事制裁已成为美国强有力的环境保护工具,尽管它尚不能完全替代民事制裁、行政处罚成为惩治环境违法的中心,其增长的趋势显而易见。[1]

三、澳大利亚的环境保护刑事立法

从以上世界各国的相关规定看,各国的相关立法多为早年的立法,可能在对我国的立法借鉴上需要改进的地方颇多。而从单行环境刑事立法体系和立法内容的完整性来看,澳大利亚新南威尔士州的《环境犯罪与惩治法》(The Environmental Offences and Penalties Act, 1989, New South Wales)无疑是独树一帜的范例,其不仅非常详尽地规定了环境犯罪,而且还规定了专门的环境刑事诉讼程序及环境刑罚辅助措施即复原、补偿和赔偿等。该法全面、系统、明确,且环境刑事实体和环境刑事程序一体化,无疑应是单行环境刑事立法的垂范,值得我国现行借鉴。

澳大利亚的环境保护刑事立法是以新南威尔士州的环境保护刑事法律为典型代表或特色的。因为该州在 20 世纪 70 年代颁布了大量的含有环境保护刑事责任条款内容的环境保护法规,而且该州在1989 年颁布了《环境犯罪与惩治法》。该法的颁布,开创了地方制定单行环境保护刑事法规的先河,具有较大的借鉴意义。所以,对于澳大利亚的环境保护刑事立法,主要通过介绍新南威尔士州的环境保护刑事法来对其进行探究。

新南威尔士州在 20 世纪 70 年代颁布的几个环境保护单行法,基

---

〔1〕 付立忠:《环境刑法学》,中国方正出版社 2001 年版,第 131 页。

本所规定的环境犯罪大多数为行为犯,不一定要求造成环境破坏的严重后果。例如1970年的《清洁水法》第16条规定,对没有执照许可而污染水,引起水污染或者听任水遭受污染的犯罪,若主体为法人,可处最高4万澳元的罚金和每日2万澳元的罚金,若主体为个人,则罚金减半;1970年的《清洁大气法》规定,房屋的占用者从事手工业、工业或加工业,或者使用燃料设备或开办使用燃料设备的工厂而引起、放任超过法定标准的污染气体排入空气中的行为是犯罪,处罚与前述水污染罪相同;1970年的《废物处置法》规定,凡占有未经登记注册的废物站或者没有许可或者违背许可的附加条件,为收取费用或报酬而将废物运进、运出城市废物处置区,或在该区内搬运的行为是犯罪。如果能证明这种互知行为已经过了一段时间,则最高只可处以5000澳元的罚金和2000澳元的日罚金额。如果废物的搬运者有许可证而仅仅是违反了许可证上所附加的条件,则最高处罚就降至1000澳元罚金和500澳元的日罚金额。

新南威尔士州最引人注目的环境保护刑事法律是1989年颁布的《环境犯罪与惩治法》。该法的出台弥补了已有环境犯罪规定的不足,该法将传统的刑法理论运用到环境领域,突破了原有的过失理论。

(一)《环境犯罪与惩治法》的立法内容及特色

新南威尔士州的《环境犯罪与惩治法》颁布于1989年,后经多次修改,最新一次修改是在1997年5月。其立法宗旨在于通过引入刑法手段制止环境破坏行为,减缓环境恶化趋势。澳大利亚作为全球环境最好的国家之一,十分注重运用刑事法律手段控制污染,保护环境。新南威尔士州的《环境犯罪与惩治法》就是当地政府为了"补充其他保护环境免受污染的法律",强化刑法在控制污染方面的作用而出台的法律。值得注意的是,澳大利亚的犯罪(Offence)虽然也被译为犯罪,但这种犯罪与我国刑法规定的犯罪迥然不同,它不仅包括我国刑法中犯罪,还包括一些公共错误行为、违法行为、犯法行为。Penalty 虽然译为惩罚,但它不同于刑罚,而是包括了刑罚和其他惩罚和处罚等内容。

1. 立法内容

该法规定了环境犯罪与刑罚、环境刑事诉讼程序、相关配套措施等方面的内容。

(1)对"环境"等关键术语、环境犯罪的抗辩事由、环境犯罪施加处罚时需考虑的事项进行了详尽的规定。新南威尔士州《环境犯罪与惩治法》的一大特色就是在第一章前言中对环境犯罪的关键性术语"环境""与环境有关的损害""污染控制许可""限制令""废物""对废物的处置""物质""职务"等概念进行了阐释。这些解释为准确界定环境犯罪提供了标准。

该法第 7 条对第一级环境犯罪规定了抗辩事由,即某人如能证明下述即构成在针对该人犯违反本条规定之罪行的任何程序中的抗辩:①危害行为的发生是由于行为人无法控制的原因;②行为人对于其行为发生不可能采取防备措施。

第 10 条对法人犯罪的规定中也有法人内部成员抗辩事由的规定,如果一法人,无论作为还是不作为,违反了本法的任何规定,该法人的主管及与该法人管理有关的每一人都被视为违反了同样的规定,除非该人能向法院证明:①法人违反规定系在该人实际不知情,不能归罪于该人或推定为该人,或②该人在法人违反规定的行为上对该法人无影响,或③处于上述地位的该人已用尽充分的力量来制止该法人的违反行为。另外,第 10.1 条关于"被告负有合法许可的举证责任"的规定实则也是抗辩事由的一种。该法第 9 条对此进行了规定,在对违反本法的犯罪行为施加处罚时,法院应考虑下述因素(除法院认为有关的任何其他事项之外):①犯罪行为对环境造成的或可能造成的危害的程度,和②可以防止、控制、减轻或减少该危害的能被采用的实际措施,和③犯罪人对其犯罪行为对环境造成的或可能造成的危害合理的预见程度,和④犯罪人对引起犯罪的原因的控制程度,和⑤在犯罪时犯罪人是否系在执行雇主或一主管雇员的命令。"这些事项相当于我国刑事司法实践中的量刑情节,新南威尔士州《环境犯罪与惩治法》中将这些具体量刑情节法定化,对于法官裁量刑罚无疑具有指导意义和价值。

(2)将环境犯罪分为三级。第一级犯罪包括如下独罪行为:①未经合法许可处置废物;②未经合法许可,故意或过失地以有害或可能有害于环境的方式引起任何物质从容器中渗漏、溢出、外泄;损害臭氧物质的排放;③附属犯罪,即帮助、唆使、劝告或促成另一人从事或企图从事或合谋从事前述犯罪。一旦某个人(指企业的工作人员)被认定有罪,其所有者(Owner)承担无过错责任(严格责任)。犯有第一级环境犯罪的主体,法人将被处以100万澳元以下的罚金,其他人犯罪的,将处以25万澳元以下的罚金或7年监禁或两者并罚。

第二级犯罪为其他环境保护法律规定的犯罪,具体包括:①1961年《清洁空气法》规定的犯罪;②1970年《清洁水法》规定的犯罪;③1997年《噪声控制法》规定的犯罪;④1970年《污染控制法》规定的犯罪;⑤1995年《废物减少和管理法》规定的犯罪;⑥乱置犯罪,即未经合法许可将任何废弃物放置于公共场所的行为。犯第二级环境犯罪的将被处以罚金,罚金的数额远低于第一级犯罪。罚金分为总罚金制和日罚金制,日罚金制适用于继续犯罪的人。

第三级犯罪是轻微的犯罪,该法为处理轻微的环境法律实施问题规定了一种"现场"侵权通知("On-the-spot" Infringement Notice)。对于"现场"处罚通知,当事人可以选择交由法院处理,也可以选择以一定的方式交付法律为该罪行所规定的罚金。如果支付了罚金,任何人都将不再因为该罪行而被起诉。对于不履行"现场"侵权通知规定的义务的可视为第三级犯罪,可处以最高金额为600澳元的罚金。

(3)将环境刑事诉讼程序纳入其中。综观世界上所有单行环境刑事立法,新南威尔士州的《环境犯罪与惩治法》无疑是最为完整、最为全面地将环境犯罪实体与环境刑事程序予以规定的法律,其不仅规定了前述三级环境犯罪,而且将刑事诉讼程序在法律中予以专门规定。该法第11条规定了第一级环境犯罪的诉讼程序的性质,第11.1条规定了第二级环境犯罪的诉讼程序性质,第12条规定了简易程序可以开始的时间,第13条规定了对提起诉讼的同意。与我国环境刑事诉讼不同的是,新南威尔士州《环境犯罪与惩治法》规定的诉讼程序有几大特点:其一,环境犯罪基本起诉至土地和环境法院或最高法院(州);其二,基本采取简易诉讼程序;其三,环境犯罪的起诉人不是代表国家的检察机关,而是"授权官员"。[1]可见,新南威尔士州环境刑事诉讼中的起诉方不是类似我国的专门的国家检察机关,而是范围较广的授权官员。授权官员在提起环境刑事诉讼时,除非土地和环境法院对违反本法规定的罪行给予某人以提起诉讼的许可(法院一般不应给予这种许可,除非能够证明一些特殊情况存在),否则都必须遵循一个原则,即必须得到环境保护局或该局工作人员之一的书面同意或授权。

(4)非常详尽地规定了环境刑罚辅助措施以及辅之以刑法控制污染的其他配套措施。《环境犯罪与惩治法》在第四章专门规定了"复原、赔偿和损害的恢复",其目的是通过支付相关费用或者履行某种义

---

〔1〕 授权官员是指"为1961年《清洁空气法》、1970年《清洁水法》、1975年《噪声控制法》、1970年《污染控制法》或1995年《废物减少和管理法》的目的成为被授权官员的任何人,无论其在有关罪行上是否有授权官员的职能",或者是指"(a)关于环境保护局或其工作人员之一提起或在其同意下对某罪行提起诉讼,该局工作人员中的任何人,或(b)关于地方政府机构或其工作人员之一提起或在其同意下对某一罪行提起的诉讼,该机构任何雇员,或(c)关于任何其他人对某一罪行提起的诉讼,任何授权官员"。

务,恢复被环境犯罪破坏的环境法益。这些措施相当于我国刑法中的刑罚辅助措施。在世界各国、各地区的环境刑事立法中,该法规定对环境犯罪的恢复性司法措施既最为全面、合理,也最为公平、公正。可以说没有哪个国家的环境刑法或环境刑事单行法对复原环境权益有如此全面独到的规定。具体来看,第14条规定了复原、制止和赔偿的命令,第15条规定了损害的恢复,第16条规定了"对被告财产的限制令",第7条规定了"法院可进一步颁发命令",第18条规定了"限制令下的财产的收费",第19辑规定了"限制令的登记",第20条规定了"对限制令违反"的后果,第21条规定了"法院可撤回限制令",第22条规定了"限制令终止生效的时间"。《环境犯罪与惩治法》第五章为"一般规定"。第23条为"约束郡主的法律",第24条为"对行使某种职权的个人的任命",第25条为"对违反一项法律或成文规则的损害环境的行为的限制",第26条为"部长可撤销或终止本法下授予的许可",第27条为"专家的证据",第27.1条规定了"消防队、乡村消防队和其他紧急服务的豁免",第28条为"法规",等等。"一般规定"规定了《环境犯罪与惩治法》实施的范围,提起环境刑事诉讼的时间、条件、部长对涉嫌污染环境犯罪者之前取得的许可的撤销、专家证据的证明作用以及消防队等特殊人群在从事紧急服务时污染环境的豁免,其作用是保证该法前面部分的规定得到正确实施。

2. 立法特色

新南威尔士州《环境犯罪与惩治法》在世界单行环境刑事立法中独具特色,将环境刑事违法条文与环境行政法律衔接起来。该法规定的环境犯罪内容十分详尽,以下立法特色尤为明显:

(1)所规定的环境犯罪仅是对环境行政法规定的犯罪进行的补充,并未完全取代原来的立法。在澳大利亚新南威尔士州,1961年的《清洁空气法》、1970年的《清洁水法》、1975年的《噪声控制法》、1970

年的《污染控制法》、1995 年《废物减少和管理法》对相应的犯罪已有规定。这些犯罪在《环境犯罪与惩治法》中属于第二级环境犯罪，《环境犯罪与惩治法》基本保留了环境行政法中规定的罪名，但进行了部分修正。例如在《清洁水法》和《清洁空气法》中，对"污染""倾泻"等词的解释过于宽泛，《环境犯罪与惩治法》则进行了更为适当的解释，使罪刑更加均衡。第一级环境犯罪则是补充规定的罪名，包括未经合法许可处置废物、渗漏、溢出、损害臭氧物质的排放以及帮助、唆使、劝告他人实施环境犯罪等附属犯罪。

（2）规定了危险犯的犯罪形态，环境刑事手段前置。该法第 26 条第 3 款将污染罪界定为"对环境造成或可能造成损害的一种犯罪"，这意味着该法对危害环境的犯罪规定了"危险犯"的犯罪形态，"控方只要证明危害环境是可能的就足够了"，这样"就会在某种程度上减少控方必须确凿地证明慢性毒性作用的可能性所带来的困难"。[1]至于什么是"可能的危害"，新南威尔士州土地和环境法院的法官赫姆明认为，"可能"仅仅意味着一种"实际的机会或可能性"，而不是"比不可能更有可能"。[2]这种观点包括了危险发生概率较低的情况，如果法官采纳这种观点来证明危害环境的概率，某种程度上会减少控诉方必须运用确凿证据证明慢性毒性作用的可能性所带来的困难。

（3）环境刑事实体法和环境刑事程序法一体化的规定。与其他环境刑事单行法不同的是，《环境犯罪与惩治法》将实体法内容与程序法内容合二为一进行规定，不但规定了众多的环境犯罪，而且对环境刑事诉讼程序也进行了纲要性的规定。其中关于环境犯罪起诉人为"授权官员"以及环境犯罪"抗辩事由"的规定可谓独具特色，自成一体。

---

〔1〕 ［澳］戴维·法黑尔："环境污染的刑法控制"，赵秉志、郝兴旺译，载《环境法律评论》1992 年第 2 期。
〔2〕 同上。

（4）环境刑罚辅助措施完善。纵览世界各国和地区的环境刑事立法，没有哪个国家和地区的环境刑事法有《环境犯罪与惩治法》这样详尽的刑罚辅助措施的规定。复原、赔偿和损害的恢复，对被告财产的限制令，法院进一步颁发的命令等都是为了恢复性司法的需要而采取的措施。这些措施环环相扣，使环境犯罪者犯罪后不仅要承担直接的刑事责任，而且要对自己所破坏的环境法益进行恢复，这种恢复既可以通过犯罪人采取一定的措施来制止、控制或减少该犯罪行为对环境的任何损害，也可以通过向公共机关支付制止、控制、减轻或减少该种损失或损害的费用和支出，由公共机关修复被破坏了的环境法益。

（5）环境犯罪的处罚以罚金刑为主，自由刑为辅。《环境犯罪与惩治法》对环境犯罪的处罚采取自由刑与罚金刑并用的规则，但总体来看处罚仍以罚金刑为主。对于第一级环境犯罪，法人犯罪的将处以100万澳元以下的罚金，其他人犯罪的将处以25万澳元以下的罚金，或7年监禁，或两者并罚；对于第二级环境犯罪，都是处以12.5万澳元以下数额不等的罚金刑；对于第三级环境犯罪，规定的罚金刑更少，最高金额仅为600澳元。可见，《环境犯罪与惩治法》只对第一级环境犯罪规定了自由刑，且最高为7年监禁，其他环境犯罪均配置罚金刑。

四、小结

以上笔者列举的三个国家采用的都是较为典型的英美法系立法模式。也就是没有统一的法典而多是在零散的单行法律中加以规定环境犯罪的，但是在这一基本的共性之下，三个国家的立法也有着各自的特点。

英美法系国家中的英国应该是世界上最早开始进行环境保护刑事立法的国家之一。从19世纪中叶到20世纪末，英国陆续颁布了数十个其中涉及环境保护刑事责任的环境行政法,即英国环境保护刑事立法的形式以附属刑法条款为主,有关环境犯罪的刑罚都以大量的环境保护单行法规的规定为准,并且环境刑法的功能的强弱依赖于环境行政法的具体规定。英国的这种立法方式开始较早,因而将环境的诸要素陆续的都纳入了法律保护的体系中,但是对于环境保护刑事立法来说,始终处于辅助的地位,其功能的行使都要依赖于环境行政法,本身没有独立的法律地位,这对于环境保护刑事立法作用的发挥是有着很大的阻碍的,因此笔者认为,英国立法应将这些附属刑法条款加以汇总和编排,在不破坏英美法系立法传统的前提下,设立一部具有独立地位的环境保护刑事单行法。

同为英美法系国家,美国的历史却只有短短的 200 多年,并且国家的组织形式相比英国有着很大的差异,是组织相对松散的联邦共和制国家。但是由于历史原因,美国在立法的很多方面最初都效仿英国,因此至今也同样没有一部完整、统一的联邦刑法典,而是由美国联邦刑法(即《美国法典》第 18 篇),美国 50 个州在州范围内制定和实施的州刑法和美联邦和各州制定的各种各样行政法规、经济法规中的刑事法律条款三部分组成了美国环境保护刑事立法的渊源。当然美国在之后的发展中也在不断探索符合自己国家特点的环境刑法渊源,至今也形成了自己独特的个性,它既包括了环境法规中含有的刑事条款,也包括与生态环境犯罪相关的判例。可见英美法系的判例特点虽然产生于英国,但是在美国的环境保护刑事立法中被发挥的更加淋漓尽致。

从 1997 年开始,我国刑事控制污染事件的动向发生了一些转变,我国在刑法中加大了运用刑事手段控制污染的力度,1997 年《刑法》不仅设专节规定了破坏环境资源保护罪,而且专门规定了重大环境污染事故罪、非法处置进口固体废物罪、擅自进口固体废物罪等三个罪名,以惩治严重污染环境的犯罪行为。2011 年 2 月,《刑法修正案(八)》第46 条又将刑法第338 条规定的重大环境污染事故罪修改为污染环境罪,降低了入罪要求。应该说,我国过去30 多年的环境刑事手段在控制环境污染的力度上,从无到有、从弱到强,环境刑法体系初步形成。

我国目前采取的是刑法典设专节规定环境犯罪的模式。这种模式有其优势,可以保证刑事立法的法典化、统一化,但其立法分散、昭示性效果不明显、环境刑事保护手段的严厉性不突出等弊端也显而易见。随着我国立法理念、立法技术和立法体系的不断发展,制定专门的具有中国特色的《环境犯罪惩治法》也绝非没有可能。制定我国的《环境犯罪惩治法》也自有其意义:第一,可以凸显环境刑事立法的重要性,充分发挥环境刑罚的威慑功能;第二,可以完美地衔接环境行政法和环境刑事法之间的关系,实现法与法之间的无缝对接;第三,将环境刑事实体法与环境刑事程序法有机地融合为一体,可以实现环境刑事立法一体化;第四,可以更好地贯彻环境刑法的明确性原则,使罪刑法定原则在环境犯罪中的适用落到实处;第五,可以较好地解决环境犯罪追诉中的证据规则、因果关系证明、严格责任、追诉时效等专业性较强的问题。

我国若制定专门的《环境犯罪惩治法》,澳大利亚新南威尔士州的《环境犯罪与惩治法》无疑极具借鉴意义和价值。

(1)环境刑事立法体例上可借鉴新南威尔士州的《环境犯罪与惩治法》。对于环境犯罪的立法模式,我国学者主要有两种观点,一种观点认为应当在刑法典之外制定《环境犯罪惩治法》之类的特别立法,他们认为,由于环境犯罪在构成要件和证据规则方面特殊,宜将环境刑事实体法和环境刑事程序法一体化规定,以解决环境犯罪的因果关系推定、严格责任、追诉时效、举证责任倒置等问题。另一种观点认为应当在刑法典中设专章规定环境犯罪。他们认为,设专章是维护刑事立法的统一性和集约性的需要,设专章环境犯罪就可以发挥环境刑事立法的威慑功能,引发社会的关注度,并且认为从目前的立法情况看单独制定《环境犯罪惩治法》不合时宜。我们认为,从短期来看,制定专门的特别环境刑事立法似乎不太现实,毕竟中国大而统的刑事立法传统目前一直在沿袭。但从长远来看,这种立法传统终将有一天会被打破,环境犯罪的犯罪特质和追诉困难终将在未来的一天逼迫立法者打破传统,制定《环境犯罪惩治法》。将来制定该特别法时,新南威尔士州的《环境犯罪与惩治法》,日本的《公害罪法》等环境刑事特别法就值得借鉴。

(2)在《环境犯罪惩治法》内容上,新南威尔士州的《环境犯罪与惩治法》中危险犯、环境刑事实体法与环境刑事程序法一体化、完善周到的环境刑罚辅助措施等立法内容值得我国借鉴。新南威尔士州《环境犯罪与惩治法》的一大立法特色是各种规定具体、详尽,立法理念超前。在我国,环境违法行对的犯罪化不断增多,环境犯罪圈不断扩大,环境犯罪的惩治力度也不断加强,这些都表明环境刑事立法在跟随世界潮流不断迈进。无论环境刑事立法的理念还是环境刑事立法技术的水平,我国正在逐步拉近与世界其他国家的距离。但是,我国环境刑事立法尚存立法不够精细、刑事预防功能不够突出、刑罚辅助措施单一化、环境刑事程序针对性不强等缺陷。而这些缺陷在澳大利亚新南威尔士州《环境犯罪与惩治法》中都得到了弥补。因此,我国将来在制定《环境犯罪惩治法》时完全可以借鉴新南威尔士州的《环境犯罪与惩治法》新颖的立法理念、完善的立法技术、翔实的立法内容进行立法。

第一,规定危险犯,充分发挥刑法控制污染的预防作用。我国学界普遍主张刑法应当规定环境污染类犯罪危险犯。环境刑事立法上,

1997 年《刑法》第 338 条规定的重大环境污染事故罪是典型的结果犯,需"造成重大环境污染事故,致使公私财产遭受重大损失或者人身伤亡的严重后果"方可构成重大环境污染事故罪,《刑法修正案(八)》将其修改为污染环境罪,该罪虽然将构罪标准修改为"严重污染环境",但仍然有情节上的要求,实则仍为结果犯(情节犯也属广义的结果犯范畴)。当然,较之于重大环境污染事故罪,污染环境罪的构罪门槛还是降低了。从建设生态文明的要求来看,我国对污染类环境犯罪进行危险犯立法还是有其必要性。

第二,规定环境犯罪的抗辩事由,使犯罪嫌疑人、被告人无罪辩护的理由法律化。我国刑事立法素来没有规范抗辩事由的传统,这不能不说是一个缺陷。在《环境犯罪惩治法》中对抗辩事由进行规定,可以使被告人无罪辩护理由更为明确具体。

第三,在《环境犯罪惩治法》中规定具体的环境刑事诉讼程序。尽管在特别法中制定专门的诉讼程序会打破刑事诉讼法的统一性,但在《环境犯罪惩治法》中规定环境刑事诉讼程序更具价值:例如由环保部门作为提起诉讼的主体似乎更具专业性,追诉效率应该更高;环境犯罪的因果关系非常复杂,因果关系的证明难度更大,需要运用诸如疫学证明法、间接反证法等推定原则;在证明责任上,污染型环境犯罪很多情况下需要实行举证责任倒置等。因此,应将环境刑事诉讼程序规定在平等、公正和效率的基础上。

第四,将"复原、赔偿和损害的恢复""对被告财产的限制令"等新南威尔士州《环境犯罪与惩治法》中规定的环境刑罚辅助措施规定在我国的《环境犯罪惩治法》中有利于恢复被环境犯罪行为侵犯的法益,可以进一步使环境权在刑事追诉中得到保障。

第五,我国也需要在立法中对"环境""环境污染""废物"等专门术语进行专门的解释,为准确界定环境犯罪提供法律依据。

当然,基于我国刑事立法的传统,《环境犯罪惩治法》在制定具体罪名时仍可坚守传统罪名情节轻重、数额大小等特色。从观念上来看,"情节犯""数额犯"等传统犯罪立法更易为中国民众所接受。新南威尔士州《环境犯罪与惩治法》所规定的三级犯罪立法特色与我国传统的没有犯罪级别规定的立法方式相距甚远,没有必要为了一节的罪名而颠覆整个刑法分论的罪名体系,因而可以不用这种分级方式。

第二节　大陆法系国家的环境保护刑事立法

一、德国的环境保护刑事立法

德国的环境保护刑事立法起步较早,1871 年《普鲁士帝国刑法》第 324 条第 3 款就规定了公共危险投毒罪,第 360 条第 13 款规定了虐待动物罪,第 360 条第 11 款规定了破坏安宁噪声罪等。但确立真正意义上的现代环境保护刑事法律,则是 20 世纪 70 年代以后。20 世纪 70 年代以来,由于不合理地开发利用资源引起的环境问题,如水土流失、土地荒漠化和盐碱化、资源枯竭、气候变异、物种灭绝、生态平衡失调等,尤其是通过向自然环境排放污染物的形式对环境的破坏给人类带来的危害,引起了人们对环境保护的重视。酸雨、"温室效应"和臭氧层被破坏这些污染环境后果对人类基本生存环境的威胁,更是震惊了全世界。在既要生存又要发展的两难选择中,德国环境刑法目前采取两方面相结合,将"人类环境"和"生态环境"两方面利益作为自己的法益立场。[1]

从环境保护刑事法律发展的过程看,德国环境刑法经历了一个从

---

〔1〕　王世洲:"德国环境刑法中污染概念的研究",载《比较法研究》2011 年第 2 期。

行政制裁到附属刑法再到刑法法典化的阶段。

（一）行政制裁时期（20 世纪 70 年代以前）

在这一时期,除了 1871 年的《普鲁士帝国刑法》对环境犯罪作了一些规定外,其余的环境问题基本上都是以行政法制裁来解决。在这一时期,环境污染并未引起应有的重视,环境保护法律也不发达,只制定了寥寥几个环境保护法律,例如 1952 年的《联邦狩猎法》、1957 年的《水政法》、1959 年的《原子能法》、1962 年的《联邦肥料法》、1968 年的《植物保护法》等,这些环境法律中有极少的环境犯罪规定。这一时期要保护什么权益不受伤害,要由行政机关决定,特别是联邦的行政机关。正因为一切处罚制裁都要严格地以行政执行为准,所以在司法中产生了许多漏洞。为了弥补这些漏洞,20 世纪 50 年代的法院有一部分还尝试用传统的犯罪构成要件,如将因水域污染而造成鱼类死亡解释为毁损或违反动物保护法。[1]

（二）附属刑法时期（20 世纪 70 至 80 年代）

20 世纪 70 年代以后,由于行政处罚存在的缺陷,环境保护刑事法律日益受到重视。德国加强刑事法律责任的趋势逐渐明显,在当时的环境保护法规中规定了一些刑事责任内容的条款。例如 1971 年的《飞机噪声控制法》、1972 年的《垃圾处置法》、1974 年的《生活资料和日用品法》《联邦放射性物质保护法》、1975 年的《洗涤剂法》《动物躯体、内脏处置法》《饲料法》、1976 年的《废水排放法》《联邦自然保护法》等。同时还修改了一些原来的环境保护法律,如 1976 年对 1957 年颁布的《水政法》、1972 年颁布的《垃圾处置法》、1974 年颁布的《联邦放射性物质保护法》进行了修改。大量的环境法规及环境保护刑事罚则虽然在一定程度上起到了保护环境的作用,但仍然没有控制住因

---

〔1〕 王秀梅:《破坏环境保护罪的定罪与量刑》,人民法院出版社 1999 年版,第 24 页。

工业化和科技发展带来以环境质量恶化的势头。

（三）环境刑法法典化时期（20 世纪 80 年代后）

为了更好地同环境犯罪做斗争，修改刑法是一个非常重要的步骤。德国刑法对环境犯罪的修改经历了一个漫长的过程。早在 1971年就有各方面的专家提出了一个刑法修改建议稿。1978 年 9 月 6 日，联邦政府通过了同危害环境犯罪做斗争的法律草案，该草案将对危害环境、对环境造成威胁的行为都综合在一起，列为刑法典新的一章"危害环境罪"，后于 1980 年 3 月 28 日以"环境犯罪防治法"的形式对《联邦刑法》进行了第 18 次修改。统一后的德国，在环境保护刑事法律方面基本保持了原联邦德国的环境保护刑事法律，如 1992 年 7 月 15 日修正公布的《德国刑法典》对环境刑法（即 1980 年 3 月 28 日原西德修正公布的《环境犯罪防治法》）进行修正。德国最新的刑法典是 2002年修正的《德国刑法典》，这也是德国环境刑法的最新规定。所以，考察、研究德国的环境刑法就应以 2002 年德国刑法典为蓝本。

1998 年德国刑法典规定的环境犯罪主要有：（1）水域污染罪（第324 条）；（2）土壤污染罪（第 324 条）；（3）空气污染罪（第 325 条）；（4）造成噪声、震动和非离子辐射罪（第 325 条）；（5）与危险废物的不许可交往罪（第 326 条）；（6）不许可的设施运转罪（第 327 条）；（7）与危险物质、物品的不许可交往罪（第 328 条）；（8）危害需要保护的区域罪（第 329 条）；（9）环境犯罪的加重刑罚（第 330 条）；（10）通过释放毒药造成的严重危险罪（第 330 条）。

在笔者看来，德国环境刑法的一个重要特点是采取了"空白刑法"的立法技术。空白刑法是指完全或者部分地将对行为构成的描述"空白地"留下来，而通过引述其他法律规定，其中主要是通过非立法机构制定的行政法规加以补充和完善的刑法规定。这种立法技术看起来就像立法者开出了一张空白支票，而有关管理部门则有权加以填写。

同时,由于德国允许在合乎法律规定的情况下排放废气、废水和废物,因此,在这种立法模式下,如何保证准确地追究污染环境者的刑事责任,就成为十分重要的立法和司法问题。为此,在立法技术方面,德国刑法界一方面通过宪法法院肯定了环境刑法依靠行政管理法规的立法模式符合德国宪法规定的明确性原则以及分权原则;另一方面,在具体的法律规定中,针对不同犯罪侵害法益保护的具体要求,对于各个领域中罪犯的不同表现形式,还采取了一些使污染正当化或免责的做法,具体包括:规定轻微污染不处罚;符合行政许可不处罚;实质无危害不处罚等。[1]

德国环境保护刑事立法不是采取刑法典和环境保护行政法中刑事规定并行执行的立法例,而是采取单纯刑法典的形式。凡是刑法典规定了的危害环境的犯罪,其他行政法规中相同的刑事规定就失去了效力,对刑法典没有规定而实践中又经常发生的危害环境的犯罪,则依行政法规中的刑事罚则定罪量刑。可见,德国行政法规中的刑事规定是对刑法典的补充。[2]德国环境保护刑事法律在刑法典中的规定在世界各国刑法中是较为完备的,这些规定为大陆法系国家制定环境刑法提供了可资借鉴的典范。

二、日本的环境保护刑事立法

第二次世界大战后的日本在短暂时间里取得了经济的高速增长,国民收入急剧增加,国民生活水平有了明显的提高,并得到了丰富的物质与文化享受。但是,过于急剧的经济发展的恶果是严重的环境破坏。起初,人们对公害问题所寄予的关心,大都集中在对其事前预防

---

[1] 王世洲:"德国环境刑法中污染概念的研究",载《比较法研究》2001年版第2期。
[2] 杨春洗、向泽选、刘生荣:《危害环境罪的理论与实务》,高等教育出版社1999年版,第69页。

的行政措施和对受害者保障赔偿等救济上面,对刑法方面的问题则关注不够。造成这种状况的一个重要原因,就在于人们对公害犯罪的意识比较淡薄。加害者通常所抱的态度是:认为自己只不过是违反了规定而不认为自己是犯了什么罪,因此不仅不感到是一种耻辱,相反却认为大家也都是这么干的只是由于自己的运气不好,被人发现了而已。对于受害人而言,当他亲眼看到灾害发生的时候,他就会直接感受到自己是由于别人的犯罪而受害的。如果自己没有亲眼看到,则很可能会认为这不是由于加害人的行为引起的结果。[1]根据日本学者原田尚彦的观点,公害是指"以由于日常的人为活动带来的环境污染以致破坏为媒介而发生的人和物的损害"。20世纪60年代以后的日本,公害成为全国性的社会政治问题。这一问题也促进了日本和世界主要国家环境法制(包括环境刑法)的发展。

日本的环境保护刑事立法开始于20世纪60年代,在1907年颁布、1908年10月1日施行的《日本刑法》中,并没有专门的危害环境犯罪的规定,直至该刑法典于1974年被修正,才出现较为典型的环境犯罪。1974年日本刑法典修正前,日本的环境犯罪主要规定在环境行政法规中。20世纪70年代之前的环境法规主要有:1949年的《工厂公害防止条例》、1958年的《水质保护法》《工厂排水控制法》、1962年的《煤烟排放管制法》、1963年修订的《狩猎法》、1965年的《防止公害事业团法》、1967年的《航空噪声防止法》《公害对策基本法》、1968年的《空气污染防止法》《噪声管制法》、1969年的《救济因公害造成的健康损害的特别实施法》等。1970年年底,日本"公害国会"对《公害对策基本法》进行了修改,删去了平衡条款,制定和修订了14项关于防

---

〔1〕 藤木英雄:《公害犯罪》,丛选功、徐遭礼、盂静宜译,中国政法大学出版社2002年版,第5~6页。

治公害的法律,制定的法律有:《废物处理及清扫有关法律》《公害防止事业费负担法》《海洋污染防止法》《关于危害人体健康的公害犯罪制裁法》(以下简称《公害罪法》)《农田污染防止法》《水污染防治法》。修改的法律有:《公害对策基本法》《道路交通法》《噪声控制法》《下水道法》《农药管理法》《大气污染防止法》《自然公园法》《有毒有害物质管理法》。上述环境行政法规中基本都有环境保护刑事法律的条款,规定了不同的环境保护刑事罚则。

日本的环境保护刑事法律有两个方面最值得介绍和推崇:一是1974年修改的《日本刑法典》对环境犯罪的规定;二是日本1970年制定的《公害罪法》中有关环境犯罪的内容。

(一) 1974年修正的《日本刑法典》对环境犯罪的规定

修正后的日本刑法典规定的环境犯罪主要有:

(1)第272条的气体遗漏罪,是指故意导致蒸汽、有毒气体、放射性物质溢出、流出,使他人的生命、身体或财产产生危险的行为;

(2)第203条的污染饮用水罪,是指将供人饮用的净水加以污染,以致不能使用的行为;

(3)第204条的污染水道罪,是指污染通过水道供给公众饮用的净水或者其他水源,造成不能使用的行为;

(4)第206条的毒物混入水道罪,是指将供人饮用的净水混入毒物以及其他有害人体健康物质的行为。[1]

在笔者看来,以上刑法规定的犯罪客观上看是惩治公害犯罪的,实际上它是从保护传统法益的角度出发规定的,犯罪的成立要求查清加害行为与危害结果之间严格的因果关系,而且,这些犯罪只能适用

---

[1] 藤木英雄:《公害犯罪》,丛选功、徐遭礼、孟静宜译,中国政法大学出版社2002年版,第7~8页。

于自然人,不能对公害犯罪的实质加害者法人予以刑事处罚,这不能不说是该刑法修正案的漏洞所在。

(二)《公害罪法》有关惩治危害环境犯罪的规定

公害犯罪不同于传统的刑事犯罪,简单地照搬已有的刑事法理论是无济于事的,因此必须从立法上对传统刑事法的一些原理、原则加以适当调整,以满足司法实践的需要。《公害罪法》的颁布出台,为日本司法界提供了一个强有力的惩治环境犯罪的武器。其所规定的内容有:

规定了制定该法的目的"在于与其他一些法律或单行法律规所规定的各种办法一起,通过对在各种业务活动中所引造的对人体健康产生危害的公害行为的惩罚,以保护人体建康,防止公害"。

第 2 条规定了故意犯罪:"由于工厂或企业的业务活动而排放有害于人体健康的物质(包括那些当其在人体中积累或其他作用会危害人体健康的物质),并对公众的生命和健康造成危害者,处以 3 年以上惩役或 300 万元以下的罚款。犯前款罪,且致人死伤者,处 7 年以下惩役或 500 万元以下罚金";

第 3 条规定了过失犯罪:"由于过失而排放了工厂或企业在业务活动中所发生的有害于人体健康的物质并对公众的生命和健康造成危害者,如 2 年以下惩役或监禁,或者处以 200 万元以下的罚款。犯前款罪,且致人死伤者,处以 5 年以下的惩役或监禁,或者处以 300 万元以下的罚金";

第 4 条规定了对法人的"双罚原则":"法人的代表人、法人或自然人的代理人,雇员或其他人员,因法人或自然人的业务而违法时,除处罚行为人外,对法人或自然人也科以各该条规定的罚款";

第 5 条规定了因果关系的推定原则:"如果某人由于工厂或企业的业务活动排放了有害于人体健康的物质,致使公众的生命和健康受到严重危害,并且认为在发生严重危害的地域内正在发生由于该种物质的排放所造成的对公众的生命和健康的严重危害,此时便可推定此种危害系该排放者新排放的那种有害物质所致";

第 6 条规定了起诉的有效期;

第 7 条规定了第一审法院。

笔者认为,日本的《公害罪法》在大陆法系国家的环境刑法中占据了非常重要的地位。该法有三个重大特点:一是规定对公众的生命和健康造成危险的行为就可以构成犯罪。而所谓"危险","可以意味着没有具体的灾害发生,也可以说是意味着眼前就有灾情发生"。[1]二是规定了因果关系的推定或者举证责任的转换。三是规定了要处罚法人。[2]

三、苏联和俄罗斯的环境保护刑事立法

苏联的环境保护刑事法律可以分为两大类:一是在环境保护法中刑事责任的罚则;另一类是在刑法典中作出的直接规定。在苏联的法律中,只有个别条文规定有环境保护刑事犯罪,例如1968 年 2 月 6 日苏联最高苏维埃主席团"关于苏联大陆架"的第六号通令;1974 年 2 月 26 日苏联最高苏维埃主席团关于"以有害人们健康和有害于海洋动物资源的物质污染海水要加重责任"的通令。在全联盟一系列有关合理利用和保护自然资源的法令中,也规定有要负刑事责任的内容,例如,1960 年的《苏联自然保护法》第 21 条规定:对非法利用或损坏自然资源的公民得依法定程序追究行政责任或刑事责任;1970 年的

---

〔1〕 藤木英雄著:《公害犯罪》,丛选功、徐遭礼、盂静宜译,中国政法大学出版社 2002 年版,第 15 页。

〔2〕 陈航:"日本公害犯罪理论及其对我们的启示",载《兰州商学院学报》2001 年第 5 期。

《水立法纲要》第 46 条规定,违反水法的,要依照苏联和各加盟共和国的立法,承担刑事责任或行政责任。此外,《土地立法纲要》《森林立法纲要》以及 1981 年的《苏联大气保护法》等法律法规中都有以上类似的规定。1978 年修订的《苏俄刑法典》对环境保护做了相当广泛的规定,已将环境的所有要素包括大气、水、土地、森林、动物、矿藏及其他受国家保护的自然对象都交付刑法保护。该刑法典在第二章侵犯财产罪、第六章经济罪、第九章破坏管理秩序罪、第十章危害公共安全和人民健康罪中都规定有相应的环境犯罪规范,并将下列行为规定为犯罪:

(1)有意纵火或因用火不慎,毁灭或严重破坏大面积森林者;

(2)违反兽医规定或违反同植物病虫害做斗争的规定,并已造成重大后果者;

(3)破坏狩猎规定和捕鱼规定者;

(4)非法捕捉海狗和海狸者;

(5)进行浮运木材工作或爆破工作时违反地下资源开发规则者;

(6)践踏庄稼和护田植物者;

(7)擅自砍伐森林者;

(8)破坏旨在同流行性疾病做斗争的规定者;

(9)污染水源和空气者;

(10)用危害人体健康和海洋生物资源的物品或者其他废料、材料污染海洋者;

(11)蓄意毁灭、破坏或损害国家保护的自然对象者。

苏联解体后,1996 年 6 月 13 日,以俄罗斯联邦新宪法为依据的《俄罗斯联邦刑法典》正式颁布。俄罗斯现行刑法典沿用大陆法系刑法典的传统,除了规定刑法典的任务包括环境保护之外,还在危害公共安全和社会秩序的犯罪中设"生态犯罪"这一专章(第 26 章)规定了环境犯罪。俄罗斯的生态环境犯罪具体包括下列罪名:工程施工过程中违反环境保护规则罪(第246条);违反生态危险物质和废料的处理规则罪(第247条);违反微生物或其他生物制剂或毒素的安全处理规则罪(第248条);违反动物防疫规则和植物病虫害防治规则罪(第249条);污染水体罪(第250条);污染大气罪(第251条);污染海洋环境罪(第252条);违反俄罗斯联邦关于俄罗斯联邦大陆架和专属经济区的立法罪(第253条);毁坏土地罪(第254条);违反地下资源的保护和使用规则罪(第255条);非法捕捞水生动物和植物罪(第256条);违反鱼类资源保护规则罪(第257条);非法狩猎罪(第258条);毁灭列入《俄罗斯联邦红皮书》的生物的关键性栖息地罪(259条);非法采伐树木和灌木罪(第260条);毁灭或损坏森林罪(第261条);违反受特殊保护的自然区域和自然客体的制度罪(第262条)。此外,该刑法典还在"破坏大类和平安全的犯罪"一章中规定了生态灭绝罪。

笔者经过对以上苏联时期和俄罗斯的环境保护刑事立法的分析认为,俄罗斯的环境刑法规定比德国更为详尽,其特点主要有:其一,保护的对象范围非常广泛,几乎包括所有的环境要素;其二,规定了大量违反规则的环境犯罪;其三,规定环境犯罪的主观方面既包括故意也包括过失;其四,对环境生态犯罪根据其犯罪情节规定了轻重不等的法定刑;其五,规定了危险犯;其六,规定了剥夺担任一定职务或从事某种活动的资格刑。当然该刑法典也不可避免地会存在一些缺陷,例如由于没有规定法人犯罪,而致使大量由法人实施的生态环境犯罪没有纳入刑罚惩治的范围。

四、法国的环境保护刑事立法

法国虽然是大陆法系的主要国家,刑事立法历史悠久,但其环境保护刑事立法相对于德国和俄罗斯来说都较为简单。法国的环境保护刑事法规有两类：一类是行政法规中分散规定的环境犯罪，如 1964 年制定的《水管理法》《水污染防治法》和《海水污染防止法》就规定有水污染犯罪的条款。《水污染防治法》中规定，县及地方团体为防治水污染得征收执行事业费用，又认为必要时，由县长申请法院裁定，限期改善设备，逾期不履行就要处以 2000 元以上 1 万元以下法郎的罚金或命令停工处分，如仍违反者，要处以 2 个月到 5 个月的拘禁。1932 年的《防止产业煤烟防止法》、1960 年的《空气污染防治法》、1961 年的《空气污染及臭气防止法》对大气环境污染犯罪做了一些规定。另外，法国政府在一系列的法律中对环境犯罪也做了一些规定，如 1992 年 1 月 3 日第 92 – 3 号法律第 23 条规定，"未获得有关法令要求的许可证、违反本法令规定从事某种行动、经营某设施、构造物或者建造、参加建造此类设施和构造物的任何人，一律被处以 2 万法郎罚款和 2 年监禁或二者处罚之一。对于重犯，罚款增加 100 万法郎"；1975 年 7 月 15 日第 75 – 633 号法律（关于废弃物的回收和处理）对废弃物方面的环境犯罪做了一些规定。另外一类是 1994 年生效的新刑法典中关于环境犯罪的规定。如 R632 – 1 条是关于抛弃垃圾、废料及废弃物或其他物品违警罪的规定；R135 – 8 条是关于抛弃车辆残骸、乱倒车辆运输的垃圾、废弃物、材料或其他任何物品违警罪的规定。

总之，法国的环境犯罪不同于德国、日本和俄罗斯等国家，其环境刑法还没有形成一个独立的体系，显得比较散乱，这可能与法国的环境污染情况还不是很严重有关。但是其中对于环境犯罪的行为的细节性规定还是有值得我国立法者借鉴之处。

五、奥地利的环境保护刑事立法

奥地利的环境保护刑事立法属于单纯修正刑法典条文的立法模式。1975 年的刑法典第 180～183 条 D 项将污染水、污染空气和破坏动植物的行为规定为犯罪。1989 年 1 月 1 日签订生效的刑法典对原有的环境犯罪规定进行了调整和完善,并增加了新的环境犯罪种类及刑事责任。具体环境犯罪的规定主要有:

(1)故意危害环境罪(第180 条),是指违反环境保护法规或行政机关的行政命令,污染水体、土壤、空气,致使排除污染需50 万奥币先令或经济上无法负担,或者导致多数人生命、身体之危险或广大区域动植物生存之危险的行为;

(2)过失危害环境罪(第181 条),是指违反法规或行政机关的行政命令,过失地污染水体、土壤、空气而导致上述故意危害环境罪同样的危害结果的行为;

(3)施放噪声危害环境罪(第181 条 a),是指违反法规或行政机关的行政命令,制造噪声,导致多数人身体健康遭受严重和持续侵害的行为;

(4)非法处理垃圾及运转机器设备罪(第181 条 b),是指违反法规和行政机关的行政命令,处理、储存、排除废弃物及运转清理有害物质的机器设备,导致空气、水体、土壤的严重持续污染,使排除污染经济止无法负担或需50 万以上奥币先令的行为;

(5)危害动植物生存罪(第182 条),是指违反保护动植物生存法规或行政机关的命令,实施某种行为,导致危害动植物生存的病原体的传播或引起动物间有传播瘟疫危险出现的行为。

为顺应和服从欧盟法的总体要求,1996 年奥地利制定了一部完整的《环境鉴定和环境编目法》,着重调整垃圾处理和工厂废料处理过程中的环境犯罪行为,将因过失所导致的污染环境行为定为犯罪,这是一项引人注目的新变革。[1]

---

〔1〕 杨开田:"奥地利刑法新变革简介",载《中南工业大学学报》(社科版)2001 年第 2 期。

六、韩国的环境保护刑事立法

在过去的 30 多年间,韩国由于成功地实施经济发展五年计划,取得了经济的快速发展。通过快速的工业化实现经济发展成为当时不可动摇的国家政策。这种工业化进程的后果是调动了国家的全部资源,而环境却几乎全部被破坏了,环境污染、资源破坏因而成为韩国 20 世纪 70 年代严重的社会问题之一。

韩国不仅在《宪法》中规定了环境权利,经具体立法化至今,先后还制定了 26 个由环境部主管的法律,其他部门在有关法规中设置的环境法规 50 多个,如《环境政策基本法》《自然环境保全法》《公害防止法》《环境保全法》等。[1]《自然环境保全法》中规定,违反排出设施安装许可以及限制者,处 3 年以下有期徒刑或者 1500 万元(韩元)以下的罚款。由于《自然环境保全法》不尽完善,现在已经被韩国政府废除。但在 1990 年 8 月制定的《环境政策基本法》和以后制定的《大气环境保全法》《噪声振动制裁法》《水质环境保全法》和《废弃物管理法》中,则既有环境行政制裁,也有环境刑事处罚。韩国的环境刑法根据环境污染的原因不同而规定的构成要件与处罚程度也有所不同。[2]韩国的环境犯罪现在仅限于规定在环境行政法规中,至今尚未在刑法中规定环境犯罪的内容。

七、小结

从笔者对以上大陆法系国家环境立法的分析中我们不难看出,成文法国家大多是以刑法典为主,单行刑法为辅的形式规定环境犯

---

〔1〕 肖剑鸣:《比较环境法》,中国检察出版社 2001 年版,第 131～133 页。
〔2〕 [韩]许一泰:"韩国的环境犯罪",载《中国律师报》2006 年 6 月 9 日第 25 版。

罪的,并且随着整个社会经济、政治、文化、国民素质和生产力的发展,各国的成文法都经历了数次立法变迁。每个国家的立法严密和处罚严厉的程度都是有着本国鲜明特点的。其立法的发展程度也是参差不齐的,如德日等传统大陆法系国家,其环境保护刑事立法已经到达基本完善且稳定的状态,而例如典型的法国的环境犯罪,则不同于德国、日本和俄罗斯等国家,其环境刑法还没有形成一个独立的体系,这种处罚体系的松散是与其国内工业污染较少,环境污染情况还不是很严重直接相关的。至于韩国的环境犯罪现在仅限于规定在环境行政法规中,至今尚未在刑法中规定环境犯罪的内容。

从客观方面来看,这几个国家的立法都早就对本国境内的水体、空气,包括大气、野生动物甚至非野生动物、废物清理、森林和树木的可持续性砍伐等很多环境的细节方面有着详细的规定,而我国环境保护刑事立法还远远不足。这些对犯罪对象的完整规定是很值得我国环境犯罪立法借鉴的,并且在短时间内也有实现的现实可行性。

从主体来看,这几个国家的环境保护刑事立法大多以个人作为犯罪主体的主要形式出现,少量的国家没有规定法人作为犯罪的主体。而笔者认为法人作为实际上相当大比例的污染环境实施主体,将其设定为环境犯罪的主体形式之一是十分必要的,这也是为我国《刑法》所认可和确立的,因此应予以保留,可见对世界其他国家的立法我们要理性看待,吸取符合我国国情的先进立法经验而不能一味完全机械式的生搬硬套。

第三节 我国港、澳、台地区的环境保护刑事"立法"

一、我国香港地区的环境保护刑事立法

我国香港的环境保护刑事立法基本上沿用英国的立法模式,即用附属刑法来惩治环境犯罪。香港人多地少,属海岛型城市经济,环境污染的承受能力有限。从 20 世纪 70 年代经济开始起飞,香港仅用了 15 年时间就跻身于世界经济发达国家和地区之列,成为亚洲"四小龙"之一。但快速的经济发展也带来了严重的环境问题。到 20 世纪 80 年代,香港的环境污染达到高峰,到了非整治不可的地步。为了解决日益严重的环境污染和破坏问题,香港政府颁布了一系列环境保护法律、法规,形成了一个比较系统的环境保护法体系。

香港在防治环境污染方面的法律法规主要有:1983 年制定、1993 年修改的《空气污染管制条例》,1980 年制定、1990 年和 1993 年两次修改的《水污染管制条例》,1980 年制定并在 1987 年、1991 年、1994 年和 1995 年经多次修改的《废物处理条例》,1988 年制定的《噪声管制条例》,1989 年制定的《保护臭氧层条例》,1997 年制定的《放射性物质条例》和 1977 年制定的《农药管理条例》。在保护自然资源和水体环境方面的法律主要有:《林区及郊区条例》《野生动物保护条例》《渔业保护条例》以及《动植物(濒危物种)保护条例》等。在这些法律法规中,都有环境犯罪的规定。其中,环境保护刑事立法最主要的是前述 4 个管制条例。

(一)《空气污染管制条例》中环境犯罪的规定

该法规定的环境犯罪主要有:

(1)未获得环保署的允许,任何人不得使用土地处理废物。任何

人在向当局交付处置废物之前，必须如实说明废物数量和提供环保署所要求的资料。违反者或者向当局提供明知错误的资料的，都要被处以罚款和入狱一段时间。

（2）未经环保署批准在香港对进口废物进行处理的；

（3）未获市政局允许颁发的许可证无组织收集和清除家庭、街道、商贸、禽畜、动物废物的；

（4）未获得许可在禽畜废物管制区收集、贮存、处理或处置禽畜废物或产品的；

（5）任何人故意抵制当局收集、处置或妨碍其职员执行有关职责，无理拒绝有关要求或提供明知错误的记录、文件、信息的。

（二）《水污染管制条例》中环境犯罪的规定

该法规定的环境犯罪主要有：

（1）拒绝提供环保署要求提供的与水污染管制有关的信息的；

（2）故意阻碍当局的雇员进入现场监察，无理拒绝当局的正当要求，对这些要求有意提供错误的或不准确的图表、文件或者记录的；

（3）将任何有毒或污染物质非法排入香港水管制区水域的水体、公共污水渠或明渠，妨害水流或导致潜在的污染危害的。

（三）《空气污染管制条例》中环境犯罪的规定

该法规定的刑事犯罪有：

（1）拒绝按环保署或环保署公务员发出要求立即执行减少空气污染物的排放的通知的，对保护健康或维护航空器安全造成损害的；

（2）拒绝减轻空气污染危害者；

（3）特殊生产工序的业主没有使用最佳技术预防有毒或污染物直接或间接排入大气中的；

（4）没有按指定生产工序规定使用生产工序许可证的；

（5）故意抵制当局的职员实施其法定职责，无理拒绝其执法要求，提供明知是错误的图纸、记录或文件的。

（四）《噪声管制条例》中环境犯罪的规定

该法规定的环境保护刑事犯罪主要有：

（1）任何人在晚上 11 时到次日早上 7 时或在公共假期的任何时间在公共场所制造噪声的；

（2）任何人在任何地方在下午 7 时到次日早上 7 时，在公共假期的任何时间使用或应用动力机械设备实施建筑施工的；

（3）任何人以贸易或商业方式进口、制造、供应和使用噪声产品，不符合香港的产品噪声标准规定的。

自从危害环境行为被刑事立法化以后，香港司法机关就积极主动地对危害环境的行为进行刑事追究，主要表现在：根据环保行政立法上规定的刑事条款对危害环境者施以刑罚；按传统刑法规定的相关犯罪对忽略人类健康及对环境造成危害后果或危险的主体进行起诉、惩治。由于香港环境立法的全面性及环境保护刑事司法的及时性，使香港的环境得到较好的保护。[1]

二、我国澳门地区的环境保护刑事立法

我国澳门的环境保护刑事立法继承了葡萄牙环境保护刑事立法的传统，基本上以刑法典的形式惩治环境犯罪。澳门政府自 1976 年取得立法自治权以来，颁布了一系列的法律。为了保护环境，也颁布了一些环境保护法律法规，如《环境法纲要》《规范若干环境噪声之预防及控制法案》《控制及减少使用可减弱臭氧层之物质法令》等。这些法律法规有些规定了环境犯罪行为，如《环境法纲要》第 34 条

---

〔1〕 杨春洗、向泽选、刘生荣：《危害环境罪的理论与实务》，高等教育出版社 1999 年版，第 54 页。

规定:违反本法律所规定之事项者,视为破坏环境的罪行,要追究责任人的刑事责任;《控制及减少使用可减弱臭氧层之物质法令》对违反该法的规定的,设置了刑事罚则。另外,澳门1996年1月1日生效的刑法典中也规定了一些环境犯罪的内容,例如:

第一,在有关妨害公共卫生及经济方面的刑法补充规定第19条规定,在获有当局颁发的许可证规定的场所以外的地方屠宰动物并进行销售行为的,构成犯罪。

第二,第266条规定,为实施第264条、第265条规定的任一犯罪作预备,而制造、隐藏、为自己或他人取得、交付、持有或输入爆炸性物质,足以产生核爆性物质、放射性物质以及适合用作制造有毒或令人窒息之气体之物质的,构成犯罪。

第三,第268条第1款规定,违反法律或规章之规定,或违反法律或规章所作之限制,实施下列行为,因而对他人生命、身体完整性造成危险,或对他人巨额财产造成危险者处1年到8年有期徒刑:(1)污染水或土壤,或以任何方式使其品质下降;(2)使用技术器械或设施,污染空气,或使用设备、设施或任何性质之陆上、河流上、海上或空气中之交通工具,产生扰乱他人之噪声的行为。以上行为,过失也可以构成,但处罚轻于故意犯罪。

三、我国台湾地区的环境保护刑事"立法"

我国台湾地区承袭近代中国刑事法律体系,关于环境犯罪之"立法"起步较早,又借鉴日本、德国、英国、美国等国的立法经验,针对本地区经济发展中出现的环境问题,不断对环境犯罪之规定加以修正。[1]

台湾地区环境保护刑事"立法"独具特色,在关于环境犯罪的"立

---

[1] 陈明华、王占启:"海峡两岸环境犯罪之比较研究",载《法律科学》2000年第1期。

法"规定上与我国大陆相比差异较大。

第一，台湾地区在"刑法典"中没有环境犯罪的规定，而是采取寄存于各类行政法规中的附属刑法模式，对环境犯罪主要依靠附属刑法来处罚，在附属刑法规范中直接规定犯罪要件和具体的法定刑，将环境犯罪分散地规定于经济、行政等非刑事法律规范中，如"森林法""矿业法""空气污染防治法""野生动物保育法""废弃物清理法""原子能法""渔业法""水利法""实施耕者有其田条例""山坡地保育利用条例"等。

第二，台湾地区非刑事"法律"中规定的环境犯罪罪刑明确，符合其刑法典中的"罪刑法定"规定的精神。例如，台湾地区"森林法"第53条规定：放火烧毁他人之森林者，处3年以上10年以下有期徒刑。放火烧毁自己之森林者，处2年以下有期徒刑、拘役或科新台币三十万元以下罚金；因而烧毁他人之森林者，处1年以上5年以下有期徒刑。失火烧毁他人之森林者，处二年以下有期徒刑、拘役或科新台币三十万元以下罚金。失火烧毁自己之森林，因而烧毁他人之森林者，处1年以下有期徒刑、拘役或科新台币十八万元以下罚金。第1项未遂犯罚之。而且"立法机关"在实践中针对新情况、新问题不断对附属刑法进行修正，如台湾地区"矿业法"自1930年5月26日公布，12月1日实施以来，到1978年已经修正11次，"废弃物清理法"自1974年7月6日公布以来至1988年已经修正3次。

第三，台湾地区"刑法"将环境犯罪规定于有关的经济、行政法规中，这也决定了其具有刑事法律规定与非刑事法律规定并行，刑事责任与民事、行政责任并用的特点。[1]

第四，台湾地区环境保护刑事"立法"上对法人犯罪的规定并不一致。据粗略统计，在环境"刑法"中规定法人犯罪的有"空气污染防治

---

〔1〕 陈明华、王占启："海峡两串环境犯罪之比较研究"，载《法律科学》2000年第1期。

法""水污染防治法""毒性化学物质管理法""野生动物保育法""原子能法""渔业法""文化资源保存法"等。这些有关环境的附属"刑法"均承认法人为环境犯罪的主体并处以罚金刑。其他环境"刑法"只制裁自然人,未以法人作为环境犯罪主体而直接规定制裁。其主要原因在于台湾地区学界认为,从刑事责任的基本原则出发,法人本身是无意识的实体,难以成为环境犯罪的主体。对某些情况下,仅制裁法人和决策人,不足以起到对环境污染和破坏的补偿和威慑作用。但又部分地规定法人可以成为环境犯罪的主体。目前,法人能够成为环境犯罪的观点已占据主流。[1]

据笔者了解,目前台湾地区刑事、经济、行政"法律"中共规定了18种环境犯罪,除了与大陆刑法规定相同的14种环境犯罪之外,还有非法骚扰、虐待保育类野生动物罪,妨害水产养殖罪,擅自垦殖山坡地罪,擅自经营使用山坡地罪等四种。台湾地区环境"刑法"对环境犯罪进行惩罚,主要有如下几个特点:

第一,虽然没有明确规定推定原则,但在有关条文的规定上可见相关推定词语的出现,如台湾地区"水污染防治法"第32条规定,违反第26条第1项未立即采取紧急应变措施或不遵守主管机关依第26条第2项所为之命令因而致人于死者,处7年以下有期徒刑。

第二,台湾地区环境"刑法"不以危害后果为构成犯罪的必要要件,只要从事法律所禁止的行为或者不履行法定义务,有可能造成环境污染或破坏,足以对人的健康和财产造成危害,就可以构成犯罪。

第三,规定了非刑罚措施。台湾地区环境"刑法"在严格区分危害环境的违法行为与犯罪行为界限的基础上,对那些污染破坏环境行为构成的犯罪适用刑罚处罚,反之则依民事的、行政的强制措施予以处

---

〔1〕 王秀梅:"台湾环境刑法与环境犯罪研究",载《中国刑事法杂志》1999年第3期。

罚。例如,台湾地区"水污染防治法"第 51 条规定:"违反第 31 条第 1 项规定者,处新台币 6 万元以上,60 万元以下罚金,并通知限期改善,届期仍未完成改善者,按日连续处罚;情节重大者,得命其停止贮存或停工、停业,必要时,并得勒令歇业。适用这种刑事责任形式,可以起到预防损害后果进一步扩大的积极作用,也顺应了刑法发展的非犯罪化和轻罚化的国际潮流。"[1]

第四,台湾地区环境"刑法"对环境犯罪中的"常业犯""未遂犯"明确的加以规定。这是其一贯做法,也反映出其关于"未遂犯""常业犯"理论研究的成熟程度,表现出细致、明确的特点,无疑在司法上对限制司法裁量权、减少对"未遂犯""常业犯"的不公正处理情况是有利的。[2]

四、小结

纵观我国除大陆地区以外的其他几个地区,由于众所周知的历史原因而导致香港、澳门和台湾地区的环境保护刑事"立法"都有一个共性就是受到西方发达国家的立法影响非常大。具体来看,由于这几个地区政治和经济对外开放的较早,受到西方发达国家立法影响的历史悠久,因此也较早的开始重视环境的保护以及开始环境保护的刑事立法工作。因此,这几个地区的立法不论从时间的长短和立法水平来看都高于大陆地区的综合水平。

从客观方面来看,这几个地区的立法都对森林、矿产、空气,包括大气、野生动物、废物清理、渔业、水利和保护耕地等很多环境的细节方面有着详细的规定,而大陆地区的环境保护刑事立法还远远不足。

---

〔1〕 王秀梅:"台湾环境刑法与环境犯罪研究",载《中国刑事法杂志》1999 年第 3 期。
〔2〕 陈明华、王占启:"海峡两岸环境犯罪之比较研究",载《法律科学》2000 年第 1 期。

而以台湾地区的环境保护刑事"立法"为例,它不以危害后果为构成犯罪的必要要件,只要从事法律所禁止的行为或者不履行法定义务,有可能造成环境污染或破坏,足以对人的健康和财产造成危害,就可以构成犯罪。这一点严格责任的规定也是十分值得推崇的。

从主体来看,这几个地区的环境保护刑事"立法"大多以个人作为犯罪主体的主要形式,少数犯罪以法人作为犯罪主体,这一点上符合大陆地区环境保护刑事立法的现有规定,也为大陆环境犯罪刑事立法与这几个地区立法的衔接和借鉴提供了便利。

从主观方面来看,大多数的犯罪都以直接故意或者间接故意为要件,还有些以过失作为刑罚处罚的依据。在特别情况下,甚至可以没有明显的故意或者过失表现而在客观上造成了危害结果即可,这种从严处罚的理念无疑十分适合环境污染治理形势严峻的大陆地区刑事立法改革。

第五章　我国环境保护刑事立法的缺失

　　总的来说,危害环境的犯罪应包括污染环境的犯罪、破坏生态资源的犯罪、抗拒环保行政监督的犯罪。而我国1997年《刑法》只对污染环境及破坏生态资源的犯罪作了规定,抗拒环保行政监督的犯罪并没有涉及。并且从现有的环境保护刑事立法看,对污染环境罪的规定也没有能够涵盖现实社会中已经发生或可能发生的所有严重破坏环境的行为,故本章拟从理论研究的角度对我国刑法没有规定而应予以犯罪化的污染环境的犯罪及抗拒环保行政监督的犯罪进行探讨并且提出一些自己的观点,以求对我国环境保护刑事立法的完善有所裨益。

第一节　有关污染大气罪的立法缺失

　　大气即空气,是极为重要的环境要素之一,也是人类及地球上一切生物生存的基本条件之一。维持清洁的空气是保持良好环境和人类生存的基础。然而,世界能源消耗的增加和工业发展,使以二氧化碳为代表的温室效应气体猛增,大气污染严重,全球气候变暖。怎样将大气污染降低到符合人类生存需要的范围,如何防止其危害,已经成为环保工作的主要问题。该问题的解决需要凭借包括行政、民事及刑法措施在内的各种手段。就我国目前的情况看,笔者认为应加强对大气的刑事保护,在刑法中规定污染大气罪。

一、增设污染大气罪的必要性

污染大气行为所产生的危害性要求采取与之相适应的各种手段,其中包括作为最后手段的刑罚手段。理论研究表明,污染大气的危害性主要表现在以下三个方面:其一,对人体健康的损害。主要表现为呼吸道疾病,眼、鼻等器官的黏膜受到刺激而患病,长期受大气污染的作用,会引起支气管炎、支气管哮喘、肺炎和肺癌等疾病。根据世界卫生组织的资料显示,长期接触平均浓度超过 $0.1mg/m^2$ 的烟尘和二氧化硫或短期接触日平均浓度超过 $0.25mg/m^2$ 的烟尘和二氧化硫,会使呼吸系统病情加重,患者病情恶化。大气污染还可能导致皮肤癌的产生。有人曾经计算,臭氧层中臭氧含量减少 10% ,皮肤癌发病率将增加 15% ~20% 。美国环保部门估计,大气圈中臭氧含量每减少 1% ,皮肤癌病例会增加 10 万人。[1]在突发性高浓度污染的作用下,还会造成人员伤亡。例如,1984 年美国联合碳化物公司设在印度博帕尔的农药厂储罐发生爆裂导致毒气泄漏,造成 10 多万人受伤、3000 人死亡。其二,对工业生产的损害。大气污染对机器设备、金属制品、油漆涂料、皮革制品、橡胶制品、纸制品、纺织品等都造成相当严重的危害,并造成大量的经济损失。其三,对农作物的损害。主要表现在使植物生长减慢,发育受阻、失绿黄化、早衰、作物死亡等。同时大气污染产

---

〔1〕 杨朝飞:《环境保护与环境文化》,中国政法大学出版社 1994 年版,第396 页。

生的酸雨对农作物的影响更大,不仅会直接危害植物,还引起土壤理化性质和生物过程的改变,降低对病虫害的抵抗性。大气污染还会对动物、建筑物等产生一定的危害。根据刑法理论,社会危害性是犯罪的本质特征,对污染大气行为实行刑事制裁,符合刑法理论及其基本价值——公平与公正。从行为产生的根源看,大气污染是行为主体追求经济效益过程中的"附产品",对其施以行政的或经济的制裁是必要的,但不足以遏制其发生。

刑法的谦抑性原则要求危害行为的犯罪化只有在行政的、民事的或经济的法律手段无能为力时,方能借助相应的刑事措施予以解决。污染环境行为严重的社会危害性已如上述,从这类行为发生的机制看,行为人受巨大的利益驱动使得有些非刑事手段趋于无效,如果仅对某种污染环境的行为给予行政处罚或经济制裁,其所失将远远小于违法行为所得,因而并不足以让行为人产生紧张心理而矫正自己的行为,使其在追逐经济效益的时候注重环境效应。刑罚是一种最严厉的处罚措施,不仅可以剥夺犯罪人的财产,还可以使犯罪人失去自由,甚至生命。将污染环境行为规定一定的刑罚会使行为主体在行为前权衡得失,考虑行为可能带来的社会后果,从而使自己的行为符合社会与法律的期望。

我国 1997 年《刑法》中没有规定污染大气罪,有关大气污染方面的犯罪只在单行法规《大气污染防治法》中做了规定。从该法规的内容看,对于是否明确规定污染大气罪存有争议。有人认为它规定了独立的污染大气罪,有人认为其只规定了污染大气重大责任事故罪。但相当多的学者从应增补污染大气罪的角度说明现行刑法没有规定污染大气罪,笔者也同意此观点。在我国行刑分立的法律体系下,《大气污染防治法》是不可能代替《刑法》规定一个独立的犯罪的,因而上述认为该法规定了独立的污染大气罪或污染大气重大责任事故罪的观点均是值得商榷的。即便在《大气污染防治法》中规定的是独立的罪名,其与本来意义上的污染大气罪在内涵上也有区别。《大气污染防治法》中所惩治的行为只是因大气污染导致公私财产重大损失或人身伤亡严重后果的情形,而把污染大气并未造成严重后果却有其他严重危害且应予犯罪化的内容排除在惩罚之外。可见,它只相当于本文所称污染大气罪的一部分内涵,即结果加重犯的情形。1997 年《刑法》尽管有些条文包括了污染大气罪的部分内容,但没有直接规定污染大气罪。从近几年的司法实践看,因污染大气的行为而被定罪的情况极少,即使定罪,有的法院定危害环境罪,有的法院按违反危险品管理规定肇事罪处罚,有的法院以投放危险物质罪定罪,有的法院直接援引环境保护法规和刑法有关条文处罚,而这些行为原本都应当以污染大气罪来定罪。正是由于这一罪名的缺失,从反面说明我国对污染大气罪的立法还有缺陷。为了实现立法的科学性及完整性,更为了统一司法对作为环境要素的大气进行有效保护,有必要在《刑法》中设立污染大气罪。

二、增设污染大气罪的可行性

所谓规定污染大气罪的可行性,即环境保护刑事立法所确立的目标与要求能否贯彻到刑事司法实践中。这要求环境保护刑事立法要准确反映客观现实,将客观存在的各种严重污染大气的行为予以犯罪化,并且立法内容应当为社会大众和司法人员所理解。我国在 20 世纪 90 年代初,就开始对危害环境的犯罪进行研究,对污染大气罪的客观表现及其危害都有所了解,故而已经具备了一定的理论基础。另外,《环境保护法》《大气污染防治法》也已颁布实施多年,环境教育及宣传逐渐深入人心,环境意识、环境道德已开始被人们接受。有关污染环境方面的犯罪在环保法规中也做了原则性规定。近年来,各地司法机关也处理过这方面的案件,积累了一定的司法经验。在此情况下,规范和完善污染大气罪具有较强的理论和实践基础,罪名一旦设立也能在司法领域得以切实实施。

第二节　有关污染内水罪的立法缺失

水是生命的源泉,万物赖以生存的基本物质,无论生活、生产都离不开水这一宝贵的自然资源。近年来由于人口膨胀和工农业的不断发展,人类用水量与日俱增,致使世界上大部分地区不同程度地面临饮水不足的困境。据统计,目前有 40 多个国家的水资源严重匮乏,全世界有 18 亿人饮用受过污染的水,每年有上亿人因水资源短缺和饮水不卫生而死亡。[1]笔者认为,仅靠行政处罚手段已经无法规制污染内水的行为,故而应当在《刑法》中增设污染内水罪,当然污染内水罪中的水指的是不包括海水在内的内陆水体。

一、增设污染内水罪的必要性

我国是水资源短缺的国家,人均占有水资源量仅为世界平均水平的 1/5,在时空分布上又很不平衡。地域分布南多北少、东多西少;年际变化大,丰枯年水量相差高达几十倍;年内分配夏多冬少,致使可利用的天然水量比水资源总量少得多。虽然近 20 年来,我国政府在保护水资源和防治水污染方面做了大量工作,但水环境恶化的状况未能得到有效控制。目前,我国工业废水排放量大且污染浓度高,1998 年全国工业废水排放量约 2500 亿吨,2002 年工业废水排放量约为 2780 亿吨,2004 年约为 2650 亿吨;乡镇企业废水几乎未经处理就任意排

---

〔1〕 陈兴良:《刑法新罪评释全书》,中国民主法制出版社 1995 年版,第 66 页。

放,仅 2011 年乡镇企业排放废水就达 183 亿吨,其中小造纸厂所排废水占 43%。一个造纸厂污染一条河流的事例屡见报道。随着"菜篮子"工程的上马,禽畜养殖业迅猛发展,加上农业使用化肥、农药等的增加,导致了许多城市近郊水环境的恶化,有的地方禽畜养殖场粪尿排泄物所含的有毒物质大大超过生活污水和工业废水所含有毒物质的总和。这一切无疑加剧了水环境的恶化。这一污染主要表现为以下两个方面。

一方面是对饮用水源的污染。据检测,我国饮用水质符合或基本符合饮用水标准者占 30%,在以地下水为饮用水源的城市中有 77.8% 城市的水源受到不同程度的污染。1995 年 3 月江苏省六合区为解决供水开河引长江水,由于引水河道沿岸企业将大量污水注入,使所引江水成为污浊水,六合区水厂被迫停产,居民断水达一个月之久。

另一方面是对河流的污染。例如 1994 年仅淮河流域就发生三起特大污染事故,7 月 15～20 日淮河干流鲁台子段至蚌埠闸段发生的污染给淮南、蚌埠、淮阴、连云港、盐城等地居民生活带来严重影响,工农业生产由此产生巨大损失。据对我国 532 条河流的污染状况调查发现,已有 436 条受到不同程度的污染,约占 82%。全国七大水系和内陆河流 110 个重点河段统计表明,符合《地面水环境质量标准》一类、二类的占 32%,三类的占 29%,属于四类、五类的达 39%。[1]导致水污染的污染物主要有病原体污染物,如病菌、病毒、寄生虫等;需氧物病源污染物,如碳水化合物、蛋白质、油脂、有机物质。这些物质以悬浮或溶解状态存于污水中,通过微生物的生物化学作用分解,分解过程中会消耗水体中的溶解氧,影响鱼类和其他水生物生长,水中的溶

---

〔1〕 郭建安、张桂荣:《环境犯罪与环境刑法》,群众出版社 2006 年版,第 447 页。

解氧耗尽后,产生硫化碳、氨及硫醇等难闻气味,恶化水质。另外有毒化学物质如汞、镉、铅、锌、砷、硒、铜、铬、矾、锰、酚、氰、有机氮化合物、有机氯化合物等,他们也是水体中常见而且是危害很大的污染物,进入人体后,可能引起细胞损坏,引起造血、呼吸器官、神经系统物质代谢的病变。有的可能破坏人体酶的正常活动。长期饮用受酚污染的水,可能引起头昏、出疹、瘙痒、贫血及神经系统症状,有机氯化合物对人体有致癌作用。从 20 世纪五六十年代以来,全世界因水源受有毒物质污染导致的事故也多次发生。1965 年美国加利福尼亚南部的河滨市,因饮用水受污染,致使 5 人死亡、1.8 万人病倒。1984 年位于英国威尔士的一家化工厂,将酚排入迪河内,使居住在北威尔士和西英格兰地区 200 万居民的饮用水源严重污染,饮用此水的居民中 44% 的人出现呕吐、腹泻、腹痛、头痛的症状。1987 年 1 月,山西省长治市长子县发生一起因氨氮母液严重污染饮用水源的事故,近 1.4 万人因饮用遭到污染的自来水,出现呕吐腹泻、腹痛、头痛等中毒症状,有人在洗澡时全身刺痒,皮肤局部溃烂。[1]

严峻的水污染现实迫使我国必须对管理水环境、防治水污染的手段进行反省,水污染后果的残酷性又要求对污染内水的行为在法律控制上重新设计。现行的法律法规多以纳排污费、浓度控制、行政罚款等行政手段来处罚污染内水的行为。但是在高额的利润面前,这些罚款根本不足以撼动犯罪者内心继续犯罪的意图。因此笔者认为仅靠缴纳排污费、浓度控制、行政罚款等行政手段已不适应我国防止内水污染的需求。在对污染内水行为完美的预防性管理措施诞生以前,增加刑事控制是一种刻不容缓的有效手段。

---

〔1〕 解振华:《中国环境典型案件与执法提要》,中国环境科学出版社 1999 年版,第 59 页。

目前,我国正处于经济高速发展时期,随着 GDP 的逐年稳步上升,我们却发现随之而来的关于环境污染的烦恼越来越多。大量的环境污染群体事件频发。而在这些事件中受到生命、健康以及财产损失的大多是不特定多数的公共人群。面对这些严重危害公共安全的重大环境污染事件,我国现有的刑事立法是如何处理的? 是否存在误区和问题? 下面笔者就以几个较为典型的重大环境污染事件为例介绍分析我国有关污染内水罪的立法缺失。

盐城市是江苏省省辖市中面积最大的市,位于北纬 32.85°~34.2°、东经 119.57°~120.45°,东临黄海,南与南通市接壤,西南与扬州市、泰州市为邻,西与淮安市相连,北隔灌河和连云港市相望。市辖区面积 1779 平方公里;2009 年市辖区人口约为 158.65 万人(亭湖区 83.90 万人,盐都区 74.75 万人)。盐城市区的供水是由盐城汇津水务有限公司提供的,其下辖城西、越河和城东 3 个水厂。2009 年 2 月 20日清晨 6 点,城西、越城两个水厂出水出现异味。7 点 20 分,盐城市紧急采取停水措施,加紧进行管网清洗和排污。经初步检验,出现异味的原因是水厂原水受酚类化合物污染,所产自来水暂不适宜饮用。随后当天当地环保部门调派 4 个工作组在沿河巡察,海事部门也派出海巡艇加大巡察力度,以确认污染源。

2009 年 2 月 20 日,江苏省盐城市环保局证实,20 日造成盐城市区大范围停水事件的污染源是水厂取水口上游一化工厂偷排含有酚类化合物的污水所致。据生态学的专家解释:酚类化合物是一种对水体污染危害较大的化合物,农药、染料、工厂含重金属废水等化工物质均含有酚类化合物。当天盐城市官员称,目前正在对酚类化合物来源进行调查,影响范围尚不清楚。环保部门调派四个工作组在沿河巡察,水利部门开闸放水、尽快排清污水。

2009 年 2 月 21 日,由于供水系统并没有完全恢复,市民也不敢饮用和使用家里的自来水,超市的纯净水被抢购一空。一方面,市政府为了保证公民不再继续摄入被污染的自来水,用市内的消防水车装运了未污染水在各主要生活区域供水。另一方面,由于造成本次水源地污染的原因已经确认是盐城标新化工有限公司偷排污水的行为造成的,因此该化工公司被紧急关闭,相关责任人也在同一时间被刑事拘留。

2009年3月4日江苏省盐城市对水污染事件责任人作出处分决定,包括盐都区环保局局长及分管副局长、盐都区分管环保工作的副区长、市饮用水源保护区环境监察支队支队长、盐城汇津水务公司董事长、盐都区龙冈镇镇长等在内的七名官员分别受到行政降级或开除公职的行政处分。

同年8月14日,江苏省盐城市盐都区人民法院对盐城"2.20"特大水污染事件主犯、原盐城市标新化工有限公司董事长胡文标作出一审判决:被告人胡文标触犯了《刑法》第115条之规定,其行为构成投放毒害性物质罪,判处有期徒刑10年;同时撤销2005年因虚开增值税专用发票被判刑2年、缓刑3年的决定,决定执行有期徒刑11年。被告人丁月生犯投放毒害性物质罪,因其为从犯,决定执行有期徒刑6年。[1]

同时受到刑事法律责任追究的还有时任盐城饮用水源保护区环境监察支队大队长的崔建国,他在担任环境监察支队大队长一职的3年期间多次收受标新公司的贿赂,故意不履行环境监测监管职能,其渎职行为也直接导致了2009年2月20日的盐城自来水污染事件。因此2009年6月,崔建国被盐城阜宁县检察院以涉嫌环境监管失职

---

〔1〕 康宁:"江苏盐城水污染事件主犯一审被判11年",载 http://www.qhnews.com,2013年6月18日访问。

罪提起公诉。

盐都区法院所做的这次判决,使得此案成为我国首次对污染环境者以投放毒害性物质罪判刑的案例。而在此前我国司法实践中的判例大多以重大环境事故污染罪结案。这一判决结果无疑是顺应了对于污染环境犯罪的刑事处罚从严的刑事政策。两个罪名间法定刑幅度的巨大差异也是显而易见的。部分学者支持这一判决,认为这是中国法院开始以新的罪名追究污染环境者的刑事责任的重要标志,这一标志表明我国司法对严重污染环境事件的打击力度,也彰显了中国政府保护环境的坚强决心。

但同时引人深思的是在此案判决后,有数位法学专家、律师都在不同的公开场合表达了对此案判决的不同看法。这些持不同意见的学者、律师的观点皆认为判决中的投放毒害性物质罪其实是不存在的。因为刑法中仅规定有投放危险物质罪,却没有投放毒害性物质罪。

持与判决不同观点的人认为,我国早在《刑法修正案(三)》中取消了此前的投毒罪,并由最高人民法院、最高人民检察院发布的关于执行《中华人民共和国刑法》确定罪名的补充规定,改为"投放危险物质罪"。《刑法》第114条规定:放火、决水、爆炸、投放危险物质或者以其他危险方法危害公共安全,尚未造成严重后果的,处3年以上10年以下有期徒刑。第115条第1款规定:放火、决水、爆炸、投放危险物质或者以其他危险方法致人重伤、死亡或者使公私财产遭受重大损失的,处10年以上有期徒刑、无期徒刑或者死刑。同时《刑法》第338条污染环境罪也规定:违反国家规定,排放,倾倒或者处置有放射性的废物,含传染病病原体的废物,有毒物质或者其他有害物质,严重污染环境的,处3年以下有期徒刑或者拘役,并处或者单处罚金;后果特别严重的,处3年以上7年以下有期徒刑,并处罚金。

另外审理该案件的合议庭认为作出这一判决的依据是：主观上被告人是在明知在生产氯代醚酮过程中所产生的钾盐废水含有有毒有害物质的情况下，仍然将大量钾盐废水排入到公司北侧的五支河内，属于一种间接故意；客观方面造成了废水流进盐城市区城西、越河两个自来水厂取水口后形成盐城全市市民用水停顿的特别严重的后果。由此认为，"其行为均触犯了《刑法》第115条之规定，构成投放毒害性物质罪"。

在适用罪名的问题还有很多不同的意见。例如北京市安中律师事务所律师唐青林持第三种意见。他认为，根据公开资料分析，胡文标的行为应该构成的是"重大环境污染事故罪"，因为此罪和投放危险物质罪有很大不同。由此，他认为，二审法院有可能会在定性和量刑上做修改。

张燕生也认为应按照重大环境污染事故罪判处，她就这两个罪名做了详细的区分。认为两个罪名有共同之处，在于其危害的都是不特定人群、财产等。但是，其中更多的是不同。首先，投放危险物质罪属于行为犯，而重大环境污染事故罪属于结果犯；其次，前者更多的属于个人行为的犯罪，而非单位犯罪，后者则较多地体现为企业、单位等。并且，"投放"和后一罪名中的"排放"行为也有本质不同。

按照我国刑法，两个罪名为胡文标所带来的法律后果也有较大差别。若按照重大环境污染事故罪，他被判处的刑期会在3年至10年之间；而若按投放危险物质罪，他可以被判处10年以上有期徒刑、无期徒刑甚至死刑。

笔者认为，区分"重大环境污染事故罪"和"投放危险物质罪"的关键在于两个方面：一方面是两名犯罪嫌疑人的主观故意，重大环境污染事故罪主观方面表现为过失，而投放危险物质罪在主观方面表现为故意；另一方面，这两个罪名侵犯的客体不同，重大环境污染事故罪侵犯的客体是国家防治环境污染的管理制度,投放危险物质罪侵犯的客体是不特定多数人的生命和财产安全。而本案中的被告人胡文标和丁月生明知钾盐废水中含有有毒、有害物质,仍大量排放,危害公共安全,并致公私财产遭受重大损失的行为构成"投放危险物质罪"在理论上是可以成立的。被告人胡文标对废水中含有有毒物质的情况是"明知"的,对将会引起的污染水源的后果也是知道的,这一点他本人也供认不讳。他明知有危害后果,在行政执法部门对其作出处罚,要求其"限期整改"的情况下,没有采取任何防止污染事件发生的措施,也没有采取任何环保措施加以补救,这和环境污染事故罪中的犯罪构成的主观方面出于过失的要件存在完全不同。基于被告人主观上的这种"明知"而"放任"的具体情况,依法作出的法律认定。对于"事故"和"事件"的区别在日常领域可能会十分接近,但在司法领域则是"谬以千里"。往往对采取了环保措施,但由于突发性的管理、设备、技术上的问题,造成环境污染事件,才可以严格地说是"环境事故",而本案胡文标的偷排行为,根本不是一个"事故"。因此,对胡文标以"投放危险物质罪"论处,不仅仅是法律适用上的严格界定,还体现了司法机关对环境污染事件的相关问题的重视。这是我国首次以投放危险物质罪,对违规排放造成重大环境污染事故的当事人判刑。而以一个刑期更长的新罪名来追究污染环境者的刑事责任,不仅是司法创新,更是一个对环境保护法律刑事惩处力度加强的必要之举。

　　而另一个笔者在此不得不提到的案件是四川沱江水污染案件。岷江、嘉陵江、乌江和沱江是四川境内的四条主要河流。这四条河流的长度皆超过 500 公里,各河流皆由边缘山地汇集到盆地底部,并注入浩浩长江之中,再由长江最终汇入大海之中。由于四川盆地的特殊地形形成的气候特别利于作物生长,因此四川省自古以来便是我国的粮食作物的主要生产基地之一。

水源是粮食种植的重要基础资源之一，但是就在 2004 年 2 月至 3 月期间，沱江流域的公安人员不断接到群众的报警表示沱江水域水质明显变化，江水发黄并伴有恶臭，很多水面还有大量的白色泡沫明显是化学产品污染所致，水质变差的同时还导致了沱江中的大量鱼类死亡漂浮在水面。经过实地考察发现群众举报的情况属实后，公安人员迅速从下游一路向上游追溯，最终发现污染源是上游青白江区的川化股份公司第二化肥厂排放的。该厂在生产水泥的过程中会产生一种氨氮浓度高达每升 2000～7600 多毫克不等的黑色伴有刺激性异味的废水，超过国家标准每升 60 毫克的几十倍到一百多倍。导致这种现象的直接原因就是川化股份的一个技术改造项目——合成氨及氮加工装置增产技术改造工程在 2004 年 2 月 11 日投料试生产后出现了故障，使含有氨氮的工艺冷凝液没有经过处理就直接排放。而该企业的排放口就在沱江沿岸，这些含有大量有毒物质的废水直接流进了沱江。根据国务院环保局第 13 号令，关于《建设项目竣工环境保护验收管理办法》第 7 条、第 8 条的规定，企业在投料试生产前必须报环保部门审批，而川化没有履行这一手续。由于管理的疏忽直到 2004 年 2 月 16 日该厂工人才发现，技术改进项目的环保装置给料泵损坏。汇报从车间主任传达到两位副厂长再到川化股份的副经理、总经理。如果该厂的以上的各级别领导都能认真履行职责的话，这起重大事件也不会发生。《水污染防治法实施细则》第 19 条也明确规定，企业事业单位造成污染事故时，必须立即采取措施，停止或者减少排污，并在事故发生后 48 小时内，向当地环保部门报告。但是截至 3 月 2 日污染源被接到居民举报的行政部门强制切断时，该厂各级负责人无一人履责。由于他们的放任和失职造成了高污染废料严重超标排污持续了近 20 天，被国家环保总局列入全国范围内水污染事故级别。这起事故造成了包括成都、资阳、内江、自贡和泸州在内的五个主要城市的生产和生活用水一度中断,近百万群众受到影响,最终结算的直接经济损失达到 2.19 亿元之多。

9 月 9 日,成都市锦江区人民法院对此案一审宣判,法院以重大环境污染事故罪判处被告原四川化工股份有限公司总经理李俭有期徒刑 3 年,缓刑 3 年,并处罚金 2 万元;副总经理吴贵鑫有期徒刑 4 年,罚金 3 万元;环保安全技术处处长何立光有期徒刑 5 年,罚金 4 万元。以环境监管失职罪判处被告原成都市青白江区环保局副局长宋世英 2 年零 6 个月;区环保局环境监测站站长张明有期徒刑 2 年零 6 个月;环境监理所所长张山有期徒刑 1 年零 6 个月,缓刑 2 年。宣判后,除张山外,其他 5 名被告人不服判决提出上诉。

合议庭对该案件的审判依据主要是来自 1997 年《刑法》338 条[1]规定:"违反国家规定,《刑法》等 338 条污染环境罪规定:"违反国家规定,排放、倾倒或者处置有放射性的废物、含传染病病原体的废物,有毒物质或者其他有害物质严重污染环境的,处三年以下有期徒刑或者拘役,并处或者单处罚金;后果特别严重的,处三年以上七年以下有期徒刑并处罚金。"以及《刑法》第 408 条规定:"负有环境保护监督管理职责的国家机关工作人员严重不负责任,导致发生重大环境污染事故,致使公私财产遭受重大损失或者造成人身伤亡的严重后果的,处三年以下有期徒刑或者拘役。"

笔者认为,这几位被告人在其辩护词中均表示他们主要是在面对突发重大事故时工作效率方面存在问题,而不承认自己的行为属于过失犯罪。但他们所说的工作效率低下,在主观上其实是属于对危害结果认识不足造成的疏忽大意的过失;客观方面造成了近百万群众受到影响,最终结算的直接经济损失达到 2.19 亿元的严重后果;主体属于

---

〔1〕《刑法修正案(八)》已对该条作出修改。

直接负责的主管人员和直接责任人员。这一系列犯罪的构成要件决定了他们最终会面对监管失职这样一个刑事罪名而并非他们自认为的只是应负行政责任。

在笔者看来这是一场本不该发生的事故，是一场本可及时避免的生态灾难。结果由于各个环节上一连串的疏忽、违规、失职，最终酿成了恶果。这起事故也被最高人民检察院列入了 2004 年挂牌督办的案件之一，引起了各方的高度关注。值得我们深思的是，有一系列环节可以阻止事故蔓延，但遗憾的是一连串的麻痹大意使得污染蔓延酿成大祸，这一问题虽然与环保意识的缺失有关，但最主要的因素应该是处罚力度不够。全国各地根据《水污染防治法》的规定，对违法排污、赔偿性重大事故罚款最高 100 万元。这和非法排污节省的经济效益相比显得太过微不足道了。而美国历史上同类污水里富含剧烈致癌物质的民事案件的赔偿金额最多达 3.33 亿美元。这也是对我国立法缺失的一个有力提示，即加大违法犯罪成本以达到预防犯罪的最终目的。同时，我们应当倡导绿色 GDP，不能牺牲公共利益换取短期的经济效益，积极寻找预防此类事件的办法，因为防范的作用远远大于救济。这也是笔者在此列举沱江水污染案件的用意。和盐城水污染案件相比，本案主要追究的是监管人员监督失职的刑事责任，对这类人员的处罚也揭示了环境犯罪的处罚应该是从多角度的主体身上追究刑事责任。

二、域外水污染犯罪刑事立法

水污染犯罪，也被称为污染水体罪、污染水域罪，是指违反有关水污染防治的法律规定，污染水环境的行为。水污染罪包括：未经法定许可而排污罪，即未向有关主管机关提出排污申请并获得排污许可证，而擅自排放污物、污染水体的行为；超标准排污罪，即超过法定的排污标准排放污物、污染水体的行为;在禁污水域排污罪,即向法律禁止排污的特定水域(如饮用水域)排放污物的行为。国外水污染罪的立法可基本总结为四种模式,即独立罪名的模式、混合罪名模式、附属刑法罪名模式和传统罪名模式。

(一) 独立罪名模式

独立罪名模式,是指环境刑事立法单独规定"水污染犯罪"的模式。相对于混合规定模式而言,这种模式是将刑法涉及的环境犯罪独立作为罪名加以规定,而且将不同种类的环境犯罪分别单列出来,易于司法实务认定与适用,既便于把握这类犯罪的总体特征,又便于司法实务及时针对具体的个罪加以惩治。当前世界各国的环境刑事立法不论是刑法典,还是附属刑法均普遍采用这种规定模式。采用这种模式规定环境犯罪的国家主要有德国、俄罗斯、芬兰等。

1996 年《俄罗斯刑法典》第 250 条(污染水体)规定:(1)使地表水或地下水用水源受到污染、堵塞和枯竭,或以其他方式使水的自然性质发生变化,如果这些行为导致动物界、植物界、鱼类资源、林业或农业遭受重大损害的,处数额为最低劳动报酬 100 倍至 200 倍或被判刑人 1 个月至 2 个月的工资或其他收入的罚金,或处 5 年以下剥夺担任一定职务或从事某种活动的权利,或处 1 年以下的劳动改造,或处 3 个月以下的拘役。(2)上述行为,导致人员健康受到损害或动物大量死亡,以及在自然保护区或禁止采伐、渔猎的区域内或在从生生态灾难的地带或在生态形势严峻的地带实施的,处数额为最低劳动报酬 200 倍至 500 倍或被判刑人 2 个月至 5 个月的工资或其他收入的罚金,或处 1 年至 2 年的劳动改造,或处 3 年以下的剥夺自由。(3)本条第一款或第二款规定的行为,过失致人死亡的,处 2 年以上 5 年以下的剥夺自由。

1998 年修订的《德国刑法典》第 324 条(污染水域)水污染罪也规

定,(1)未经许可污染水域或对其品质作不利的改变的,处5年以下自由刑或罚金。(2)犯本罪未遂的,亦应处罚。(3)过失犯本罪的,处3年以下自由刑或罚金。

(二) 混合罪名模式

这种模式是将环境犯罪条款寓于刑法典其他犯罪的章节之中,并不单独设立环境犯罪章节,而且不分列具体罪名。这种方式虽然较为简便,保持了刑法典的完整性,但较上述独立模式而言,缺乏独立性和系统性。采用这种模式的代表是奥地利,其他如西班牙、葡萄牙等国也采用这种模式。匈牙利通过环境行政法修订了《匈牙利刑法典》的内容,1976年4月1日第2号《人类环境保护法》第47条规定:"1960年颁布的关于匈牙利人民共和国刑法第5号法令第一百零七条将由下列条款取代:'违反环境保护罪第一百九十七条(1)对于污染、危害和破坏处于人类环境保护下的物体并在很大程度上对人的生活和健康造成不利影响者——如果没有造成比这更大的罪行——可判处三年以下的徒刑。(2)如果罪行危及人的生命,可判处一年至五年徒刑。(3)对于因不慎而触犯了第(2)款规定者,可判处三年以下徒刑。"

1989年《奥地利刑法典》第180条故意侵害环境罪规定:"(1)违反法规或行政机关的行政处分,污染或侵害水,或污染土壤或空气,而有下列情形之一者,处三年以下有期徒刑,或三百六十日净额收入以下罚金。①致多数人生命、身体之危险。②致广大区域动、植物生存之危险。(2)凡违反法规或行政机关的行政处分,持续、严重并大量地污染或侵害水,或污染土壤,而有下列情形之一者,亦同。①污染或侵害永远或长期持续,而排除污染或侵害为不可能或经济上无法负荷,②排除污染或侵害须费五十万以上奥币先令。"第181条过失侵害环境规定:"凡违反法规或行政机关的行政处分,过失为前条所处罚行为之一者,处一年以下有期徒刑或三百六十日净额收入以下罚金。"其中包括污染或侵害水的犯罪。

（三）附属刑法罪名模式

《美国法典》第33卷第26章《联邦水污染控制法》（1987年修改）第1319条第3款刑事制裁规定了四种污染水域犯罪行为的情形。

1. 过失违法

（1）过失违反本卷第1311条、第1312条、第1316条、第1317条、第1318条、第1321条第2款第3项、第1328条或第1345条的规定，或者局长、州依本卷第1342条颁发的许可证中的有关规定，或者陆军部长或州依本卷第1344条颁发的许可证中的预处理规划的要求；（2）过失向下水道系统公有处理工程引入任何污染物或有毒物质，违法者知道或应该知道污染物、有毒物质会导致人身伤害、财产损失，或学险符合所有可得的联邦、州或地方要求外，会导致该处置工程违反局长或州政府颁布的许可证规定的排水限度或其他限制。任何人有上述情形，应被处以每违法日2500美元以上250 000美元以下的罚金，或者1年以下监禁，或者二者并罚。对于累犯者，处以每违法日50 000美元以下的罚金，或者2年以下监禁，或者二者并罚。

2. 故意违法

（1）故意违反本卷第1311条、第1312条、第1316条、第1317条、第1318条、第1321条第2款第3项、第1328条或第1345条的规定，或者局长、州依本卷第1342条颁发的许可证中的有关规定，或者陆军部长或州依本卷第1344条颁发的许可证中的预先处理规划的要求；（2）故意向下水道系统公有处理工程引入任何污染物或有毒物质，违法者知道或应该知道污染物或有毒物质会导致人身伤害或财产损失，或者除符合所有可得的联邦、州、地方要求外，会导致该处置工程违反局长或州政府颁布的许可证规定的排水限度或其他限制。任何人有上述情形，应被处以每违法日5000美元以上50 000美元以下的罚金，或者 3 年以下监禁,或者二者并罚。对于累犯者,处以每违法日 1000 00 美元以下罚金,或者 6 年以下监禁,或者二者并罚。

3. 故意制造危险

(1)一般规定。任何人故意违反本卷第 1311 条、第 1312 条、第 1316 条、第 1317 条、第 1318 条、第 1321 条第 2 款第 3 项、第 1328 条或第 1345 条的规定,或者局长、州依本卷第 1342 条颁发的许可证中的有关规定,或者陆军部长或州依本卷第 1344 条颁发的许可证中的预处理规划的要求,而使他人处于死亡或严重人身伤害的极度危险中,经审判应处以 250 000 美元以下罚金,或者 15 年下监禁,或者二者并处。如该类违法者是自然人之外的组织,则处以 1 000 000 美元以下罚金。如违法者是累犯,则刑罚幅度应在此基础上翻一倍。(2)其他规定为实现本项第一目的:a. 认定自然人被告是否知道其行为会使他人处于死亡或严重伤害的极度危险中时:①被告只有在其明确认识并期望该问题时才负责任;②除被告外他人所有的知识不能适用于被告。只有在证明被告是否拥有确实知识时,才可使用间接证据,包括证明被告故意使自己不接触相关信息。b. 被告可针对起诉提出辩护,其被控行为经过受害人同意,并且这种危险和行为是基于以下情况的合理可见危险:工作、业务或职业;或由专业方法证实的医学处置或医学、科学实验,并且被害人在同意之前已被告知该危险。此种辩护可通过证据优势成立。c. "组织"是指除政府外,基于任何目的建立或组织的法律实体,其含义包括法人、公司、商会、商行、合伙、股份公司、财团、协会、托拉斯、社团、工会或者其他任何人的联合;d. 严重身体伤害产生相当危险的人身伤害,即危及生命、失去知觉、极斐疼痛,明显的外形损伤,或者人身部分、器官或神经功能的失去与损伤。

4. 虚假陈述

对于故意在申请中作虚假陈述者;或者故意作虚假记录、报告、计划或其他上报或保存文件者,或者故意伪造、破坏、篡改监测设施和方法者,经审判应处以 10 000 美元以下罚金或 2 年以下监禁,或者二者并罚。对于累犯者,处以每违法日 20 000 美元以下罚金或 4 年以下监禁,或者二者并罚。

(四) 传统罪名模式

这种模式主要是指那些在刑法典中已经存在的污染环境犯罪,由于受到时代因素的制约,这些罪名所涉及的罪行内容已经具有一定的局限性,缺乏针对性,因而缺少现代污染环境犯罪制裁特征的传统模式。尽管这些条款的适用价值较为陈旧,并且不断被环境行政法的刑事条款或特别刑法所取代,但就具体污染犯罪而言,传统条款的存在仍具有一定的现实意义,而且对现行的环境犯罪惩治具有一定的补充作用。诸如 1974 年修正的《日本刑法典》第十五章有关公众健康的犯罪中涉及污染饮用水和水道的犯罪,其中第 203 条(污染饮用水)规定:"污染饮用水,使其不能使用的,处一年以下惩役或者五万元的罚金。"第 204 条(污染水道)规定:"污染由水道供给公众的饮用水或者其水源,使其不能使用的,处七年以下惩役。"

1988 年《韩国刑法典》第 192 条(妨害使用饮用水)规定:"(1)在日常饮用水中投放污物,致其无法饮用的,处一年以下劳役或者四十万元以下罚金。(2)在前项所列饮用水中,投放毒物或者其他危害健康的物品的,处十年以下劳役。"第 193 条(妨害使用自来水)规定:"(1)在公众饮用的自来水或者水源地中,投放污物致自来水无法饮用的,处一年以上十年以下劳役。(2)在前项所列饮用水或者水源地中,投放毒物或者其他危害健康的物品的,处十年以上有期劳役。"

1996 年修订的《瑞士刑法典》第 234 条规定:"(1)故意用对健康有害的物质污染人或家畜饮用水的,处 5 年以下重惩役或 1 个月以上监禁刑。(2)行为人过失为上述行为的,处监禁刑或罚金。"

综合以上各国关于水污染犯罪的刑事立法规定后,我们不难发现有关水污染犯罪概念大同小异,只是在侵害对象和行为范畴上略有不同。然而,无论采用何种立法模式,大多数国家都将水污染犯罪视为一种独立的污染环境犯罪,尽管有些国家惩治水污染犯罪的立法采用了组合的规定方式,但其规定同样反映了水污染犯罪的内容,只是不如独立罪名那样表现得更为明显而已。

从上述水污染犯罪的立法可以看出,水污染犯罪的立法目前大致呈现出以下发展趋势:

第一,各国和地区水污染犯罪的立法越来越注重刑法的预防功能,注意惩治水污染犯罪中的行为犯和危险犯,对水污染犯罪中的结果犯则加重处罚的力度。

第二,在水污染犯罪的刑事责任主体方面实行"双罚制",既处罚自然人,也处罚法人。

第三,各国和地区水污染犯罪的立法模式主要表现为独立罪名模式和混合罪名模式。

第四,有些国家和地区的水污染犯罪立法注重刑罚措施的多样化。

三、增设污染内水罪的可行性

在笔者看来,就我国现行刑法我们不得不承认水污染问题现在已经成为我国环境污染的第一大问题,因为清洁的水源不仅是一个国家环境保护的需要,也是全部公民每天赖以生存的基本物质条件之一。但是近年来,各地的水污染事故频频发生,屡禁不止。国家环境保护部副部长潘岳在公开场合提道:"松花江重大水污染事件后,中国平均每两天发生一起环境突发事故,其中70% 是水污染事故。"他同时也认为我国水体质量的现状即使不是完全无药可救也已经处于了一个急需全方面整治的时期,对水污染行为的加大刑事处罚力度已经处于"箭在弦上,不得不发"。世界银行日前在北京发布的《解决中国的水稀缺:关于水资源管理若干问题的建议》报告称:"中国有超过3亿农村居民没有安全的饮用水,水危机导致的损失已经占到中国GDP的约2.3%。水资源受到严重污染,水体使用功能下降甚至丧失,不仅加剧了我国北方地区和城市的缺水问题,还使南方相对多水的地区和城市形成了水质型缺水。"

纵观当代全球的环境污染治理法律,笔者总结看来"谁污染谁负责"已成为一个共识,即自然人或者单位主体的生活个人或者生产行为如果对周围的环境造成了污染,那么该自然人或者单位就应该根据自己行为造成的环境污染的严重程度承担相应的对价——民事、行政或者刑事责任。这种处罚的力度要足以让犯罪主体意识到节省环境保护设施的建设得到的收益远远不足以补偿自己受到的损失,从而今后彻底打消走捷径的想法,也从另一方面尽量避免了其他潜在犯罪人不至于重复犯错。因此,对于惩治环境污染使用越来越严厉的刑罚手段已是大势所趋。

虽然自2005年以来,我国国务院下属的相关环境保护职能部门最为重视的环境治理工作就是水污染治理,尤其是重点流域的水污染治理,但是问题是我国现有的治理方法都是对已经产生的污染后果进行处罚,往往是等到污染环境的行为已经达到非常严重的后果后才引起重视,进行民事、行政甚至刑事处罚。这也是我国现有的环境犯罪罪名中都是结果犯的原因。但此时的罚款也好,追究行为人的刑事责任也罢,都已经对环境的恢复没有任何直接作用,再重的刑事责任也无法弥补事后为了恢复环境而投入的巨大治理成本。

因此,对社会个体行为的约束,笔者认为除了加大对犯罪人的刑事处罚力度外,同时也应看到与其等到犯罪人实施犯罪行为后进行严厉处罚,再花费巨大的财力恢复被污染的环境,不如将部分财政投入奖励或者补贴机制,给予有可能在生产中产生污染的企业一定的物质支持,帮助其形成符合环境保护要求的生产和作业条件。

在环保监管部门的惩罚手段不够强硬、现行环保行政体制还不够完善的情况下,在企业的环境违法成本往往较低的背景下,前文所述的盐城一案的这个判决,有着相当的标志性意义。这是一个提醒,也是一个警告。当然,也有人认为,盐城"2·20"特大水污染事件已经成为影响足够大的公共事件,这在一定程度上或会影响司法机构对当事人刑期的考量。但无论怎样,法院的判决结果本身,清晰地表达了一种倾向,也给未来同类案件的审理提供了参考案例。

然而,应该认识到,光靠加大法律的威慑力并不足以杜绝同类事故的发生。原因在于,类似盐城水污染事件中的根子还在、"土壤"还在。盐城水污染事件为什么会发生? 我们可以从环保部门的管理疏漏、政府执行力跟不上认识等方面去寻找原因,但最根本的因素,恐怕还是地方经济发展与环境保护之间的悖论。很多时候,地方官员明明知道不少企业会给地方环境造成污染,甚至是严重污染,但出于对地方经济发展的追求,也或因官员们对 GDP 速度的需求,以至于经济发展与环境保护之间,没能求得起码的平衡。而在盐城水污染这个事件中,还存在后发展地区的发展与环保间的困境,显然,单靠加大法律打击力度,难以走出这一困境。我们已经知道,对于盐城来说,过去的一些产业转移,的确伴随着污染的同时转移——尽管这种转移,不是盐城人所欢迎的,也不是盐城官员所欢迎的。不过,在地方经济发展的压力面前,苏南等相对发达地方淘汰下来的化工企业等污染项目,被包括盐城在内的后发展地区当作招商对象引进,结果对这些地区的环境造成了负面影响。也正是污染的引入,成为破坏地方环境的罪魁之一。

同样,在此事情的表象背后,折射的却是地方官员,甚至包括众多民众欲急切发展地方经济的心理。也正是因为经济发展阶段的不同，才会导致人们对于环境污染方面存在一定程度的忍耐弹性的差别。但是，这种弹性只能限制在一定的幅度之内，超过这个幅度，经济发展的意义就会被环境破坏的恶果大大消解，从长远而言，更是无法谈及正面意义。

落后发展地区的民众想要过上更好的生活，需要一定的经济发展速度，这当然是可以理解的，并且从根本上说，发展相对落后地区的经济，就是要加快工业化和城镇化，解决好二元经济向现代经济的转化，这也依赖于政府的宏观政策支持，以及需要相当长的时间。在这样的问题上，仅依靠快速增长效益是解决不了问题的。那些通过迅速转移污染项目，试图快速拉动经济增长的做法，无异于饮鸩止渴，其伤害很可能在当代就体现出来，即便一时没有暴露，也必然透支长久的未来。以污染换取发展的路，是注定走不通的。从这个意义上说，盐城污染事件也促使人们更多地反思。

笔者通过比较我国与西方国家的环境犯罪现状，发现西方国家环境立法的发展轨迹说明了污染内水行为刑事调控的有效性。工业革命以前，尽管人类生活产生的废物对水源形成一定程度的污染，但环境自身的平衡还能保证相对稳定。因此调控环境的立法很少。随着工业化的兴起和发展导致人类在生物圈活动的加剧，水体污染现象恶性发展，促使当时工业高速发展的国家陆续颁布有关环境整治的法规，其中包括保护水体的立法。纵观西方国家的污染内水行为控制立法的发展轨迹，法律措施的介入过程与水体污染的程度密切相关，某些发达国家水环境保护较好也与其立法上刑事措施的有效性、及时性有关。我国近年在保护水环境、加强水体保护的立法等方面取得了较大进展，但没有控制水污染日趋严重的势头。为避免我国水体环境的继续恶化，保证可持续发展战略的切实实施，应根据水体污染的实际，结合我国保护水环境保护刑事立法的现状,进一步加强和完善污染内水行为刑事控制措施。因此在刑法中增设污染内水罪是十分必要且可行的。

第三节　有关污染海洋罪的立法缺失

海洋是地球生命的发源地,是人类社会得以繁荣兴旺的巨大支柱。海水和海底世界蕴藏着巨大的矿物资源,海底瀑布与海浪又是潜力巨大的动力资源。海岸可以成为发展城市工业、渔业、旅游和休养的理想场所。漫长的海岸线为人类提供极大的交通运输便利。

一、增设污染海洋罪的必要性

海洋是人类赖以生存的巨大资源库,因此世界各国的经济发展重点都包含了对海洋的开发利用。而正是由于工业发展带来的对海洋资源的开发利用以及海运、大批港口、城市的兴起和扩建,导致了大量有毒物质倾泻入海洋,使优美的海洋环境及海洋资源受到不同程度的污染。在现代工业社会里,可以说,海洋污染在某种程度上同人类在陆地上、海洋上的活动成正比,全球的海洋水域时刻受到通过河川流水、岸边排污、倾倒垃圾,以及大气运转带来的废弃物的污染。每年流入海洋的有机氯化物占年产量的 60% 左右,20 世纪末以来,世界大洋中的铅含量比天然含量高 2～3 倍,每年进入海洋的铜总量大约有 25 万吨,锌高达 393 万吨,汞达 1 万多吨。我国海域的污染问题也渐趋明显,此外,海洋污染可能造成巨大的物质损害,甚至直接对人体健康造成危害。1967 年 3 月 18 日,"托雷·幌翁"号轮在英吉利海峡触礁,造成英法沿岸地带损失约 600 万英镑,法国沿岸地带损失约 290 万英镑。1969 年 1 月 28 日,在圣巴巴拉海发生一场井喷,使美国加利福尼亚沿岸长达 40 海里的海域遭到污染,仅清除其危害就得花费数百万美元。日本 20 世纪 50 年代发生的因食用海中被污染的鱼造成的"水俣病"事件,导致 60 人死亡、283 人中毒。海洋污染的现状及危害向调控海洋环境的法律措施提出了更高要求,从海洋污染形成的机制及危害看,仅依靠行政的、经济的手段难以体现社会公正,也不足以弥补污染海洋行为产生的危害,因此亟须借助刑罚手段保护海洋环境免受污染。

二、增设污染海洋罪的可行性

从国外刑法看,许多国家对污染海洋的行为规定了刑事处罚措施,《日本海洋污染防治法》规定:"由船舶和海洋设施上排放油类或废弃物的,处 6 个月以下徒刑或 20 万日元以下罚金,因过失由船舶和海洋设施上排放油类或废弃物的,处 3 个月以下徒刑或 10 万日元以下罚金。"[1]《美国海洋保护、开发及制裁法》规定,故意将废物倒入美国领海、内水、毗连区的,处 5 万美元罚金或不到 1 年的监禁;恶意将医疗废物倒入海洋的,处 25 万美元罚金或并处不到 5 年的监禁。我国 1982 年颁布的《海洋环境保护法》对严重污染海洋,造成重大损失的行为也规定了刑事罚则,这对保护我国海洋环境起了积极作用,但是该法规颁布的三十年间社会现状发生了巨大的变化,这一简单的规定已经完全不能满足规制现有犯罪行为的需求。而关于污染海洋罪的规定完全缺失,对该罪相应的构成及处罚也就没有具体规定,犯罪成立的标准也没有反映出来,这是非常不利于司法实践,而上述的国内外立法为我国在《刑法》中增设污染海洋罪提供了可行性基础。

---

〔1〕 转引自张大孟:"环境犯罪立法研究",中国海洋大学 2009 年硕士学位论文,第 6 页。

同时,笔者认为,要增设污染海洋罪,还有必要对我国行使海洋环境保护的范围予以界定,在笔者看来只有在我国行使环境保护管辖权范围内发生的严重污染海洋的行为才能构成我国刑法上的犯罪。根据《海洋环境保护法》第2条第1款和《联合国海洋法公约》的规定,我国行使环境保护管辖权的海域包括我国内海、领海、毗连区专属经济区、大陆架以及公海。这也为增设污染海洋罪提供了管辖权的法律基础。

第四节　有关施放噪声危害人体健康罪的立法缺失

噪声可以从不同角度进行理解,从物理学的角度看,是指不同频率、不同声强的无规则和杂乱无章的声音的组合。环境法上所指的噪声是指在工业生产、建筑施工、交通运输和社会生活中所产生的影响周围生活环境的声音。可以按不同标准将噪声作不同划分:例如机械噪声、电磁噪声、城市环境噪声、农村噪声、海洋环境噪声等。噪声污染是指排放于环境的噪声超过国家规定标准,妨碍人们的工作、学习、生活和其他正常活动的现象。[1]

一、增设施放噪声危害人体健康罪的必要性

随着城市建设的发展,噪声已经成为一种矛盾十分尖锐的破坏公民生活环境的行为。它不仅影响人们的学习、休息,还会使人的听力持续下降,听觉迟钝;中强度噪声还会影响人们的神经系统,使人出现头晕、呕吐、失眠、记忆力减退,心血管系统出现血压升高,心跳加快等

---

〔1〕 转引自张大孟:"环境犯罪立法研究",中国海洋大学 2009 年硕士学位论文,第10 页。

症状,长期受强噪声危害,会使身体持续紧张、全身疲劳、健康水平下降而产生各种疾病。重工业及交通运输业的发展带来严重的噪声污染已是不可回避的现实。自 20 世纪 50 年代以来,噪声污染日益严重。2009 年全国共发生污染事故 34 620 起,噪声事故占 690 起。事实证明,噪声污染也成了当代社会的主要公害之一。尽管噪声具有无后效的特点,但若不采取措施预防和消除危害,仍将损害人类健康。因此,笔者认为,噪声污染的危害性要求与之相适应的刑罚措施,刑罚手段应成为其防治措施中的重要一环。故而对排放噪声危害人体健康的行为予以犯罪化,在《刑法》中增设施放噪声危害人体健康罪是十分必要的。

二、增设施放噪声危害人体健康罪的可行性

纵观各发达国家的环境保护刑事立法已经规定了排放噪声危害人体健康罪,因此,笔者认为在我国《刑法》中设立排放噪声危害人体健康罪是有很多先进的立法经验可以借鉴的。西方发达国家在其工业化及城市化进程中,随着经济发展及物质生活水平的提高,为更好地改善生存环境,在其环境保护刑事立法过程中,把排放噪声危害人体健康的行为也纳入了刑事法律范畴,规定了排放噪声危害人体健康罪。例如《德国刑法典》第 325 条规定:"违背行政法规定义务,在设备、工厂、机械的运转过程中,……产生足以危害属于设备范围以外的他人健康之噪声,处 5 年以下监禁,或处罚金。过失犯本罪的,处 2 年以下监禁,或处罚金。"[1]可见,工业化程度较高、环境保护刑事立法较成熟的西方国家已经把噪声纳入其刑事调控范围。我国现在工业化已达到了一定发展高度,人民的生活水平已处于满足了基本生存需

---

〔1〕《德国刑法典》,徐久生、庄敬华译,中国方正出版社 2004 年版,第 160 页。

求并开始追求更优质的生活环境的阶段,这种对环境状况的关注和追求从另一方面也佐证了我国对排放噪声危害人体健康的行为予以犯罪化的可行性。

第五节　有关抗拒环保行政监督罪的立法缺失

一、增设抗拒环保行政监督罪的必要性

刑事立法及刑事司法的基本功能及最终目的在于预防犯罪的发生。而要真正有效地发挥刑法对犯罪的预防功能,不仅要科学设置犯罪和刑罚,使刑罚量与刑罚结构科学化,还在于科学设定犯罪的界限,把所有可能严重危害社会的行为纳入刑事调控的范围,划定合法与违法犯罪的界限,使社会公众明白自己行为的合法范围与边界,从而真正发挥刑法的预防功能。"其他国家和我国社会实践以及犯罪学和心理学研究也表明,由于犯罪原因机制的复杂性,刑法对常呈突出性暴力犯罪的一般预防作用甚微,但对行为前仔细计算利害得失的爱冒险者实施的财产经济类犯罪,刑法提高定罪率(扩大犯罪化范围)比单纯增加刑罚量(提高法定刑)更能控制犯罪的发生。"[1]道理很简单,通过扩大犯罪圈,把一些可能引发严重危害社会的行为发生的前期行为予以犯罪化,可以及早地引起行为人的注意,使其规范和矫正自己的行为,遏制犯罪意念的产生。如果不把可能引发犯罪的行为犯罪化,亦即犯罪圈划得过小,行为人很可能在"反正不算犯罪"的心理支配下,越过警戒线,助长犯罪意念。而犯罪意念一旦形成并得到行为的

---

〔1〕 "犯罪原因的经济理论—贝克尔模型",见《犯罪与司法全书》,中国方正出版社2010年版,第318页。

反馈强化,再去遏制则为时已晚。立法实践中,要精确地划定犯罪化与非犯罪化的界限,则又要对危害社会行为发生的机理有所知晓和研究。环境行为的发生过程及机理与一般的暴力性犯罪乃至财产性犯罪不同,暴力性犯罪很可能在很短暂的时间,甚至一瞬间产生并形成严重后果,财产性犯罪的发生也不需要经历复杂过程,更不需要对行为从立法上进行价值判断。从危害环境犯罪发生的过程及种类看,直观表现为对环境要素的污染及生态资源的破坏,而从行为发生的渊源看,人类对环境的影响及资源利用又不可避免,这就涉及对危害环境行为犯罪化的范围的划定。从各国对环境及生态资源的管理看,都是以划定一定标准的形式界定合法与非法乃至犯罪的界限,如排污标准,资源开采、利用标准,环境质量标准等。对实施超过这些标准的危害环境的行为则作为犯罪处理。透过危害环境行为的直观表象看该类行为发生的机理,笔者认为在排污及资源利用行为与资源受破坏、环境要素受污染之间还有一类行为应予犯罪化,这类行为对危害环境罪的发生常常起直接引发的作用。大多数国家对危害环境行为犯罪化的实际状况是:对超过环境使用标准或废弃物排放标准并形成危害后果(含危险结果)的行为规置为犯罪,否则属行政法规调整的范围。亦即如果能保证环境使用者把利用环境的行为控制在各种指标以内,则谈不上发生危害环境的犯罪。实践中,当环境管理部门获知环境利用或资源利用行为超过法定标准时,往往会发布停业令,并责成行为主体治理被其污染的环境。行为人若接受该停业令,环境可免受更深的危害,否则,会促成环境犯罪的发生。此外,行为主体在申办排污或使用环境资源许可证过程中,如果隐瞒、虚报事实材料,则可能导致许可证错发而引起环境危害行为的发生。可见,若能遏制住以上两种具体行为,则能从根本上杜绝污染环境犯罪的发生。为保护环境的良性循环,也为防止环境犯罪的发生,应对抗拒环保行政监督的行为予以犯罪化,借助刑罚的威慑功能规范行为主体对环境的正确利用。

二、增设抗拒环保行政监督罪的可行性

环境保护较好、环境保护刑事立法较完善的国家已经有了这方面的立法,如美国、日本等西方国家就对抗拒环保行政监督的犯罪作了规定。《日本东京都公害防治条例》第 61 条第 1 款规定,"违反该条例第 33 条、第 34 条、第 44 条发布的改善命令、临时停产命令的,处 1 年以下的徒刑或 10 万日元以下罚金"。

对抗拒环保行政监督的行为作犯罪化处理,是防止危害环境犯罪恶性发展、真正保护环境之必需。而且,抗拒环保监督行为的犯罪化将会突出环保行政立法及环保机构的重要价值,可以在一定程度上促进环保机构认真履行职责,发挥其在保护环境及认定环境犯罪中的作用。另外,抗拒环保监督行为的犯罪化也会带来刑法理论的某些变化,例如刑事立法将会对行政立法及行政机关产生行政行为依赖,正如德国学者莫恩许拉格环说:"……刑法的界限不再绝对清楚,而是依附于环境法律的制定与演变,依赖立法者在环境法典中之规定,依赖执行机关(政府与行政关署)之行动,只要遵守行政法的规定,就可以免于负担环境刑法上的危险。"[1]如果说其他环境犯罪的判断与成立与环保行政立法之间有密切关系的话,对抗拒环保监督行为的犯罪化则使得刑法与环保行政立法及环保行政处分变得更加密切。因此现阶段在我国《刑法》中增设抗拒环保行政监督罪也是具有充分的可行性的。

---

〔1〕 〔德〕莫恩许拉格:"从环境刑法与环境行政法的关系论环境刑法规范的规定位",载《环境刑法国际学术研讨会论文集》,第 352 页。

第六章　我国环境保护刑事立法与司法的完善

第一节　我国环境刑事立法的趋势预测

　　环境是人类共同的财富,对国家经济发展、社会进步、生态平衡都具有重要的价值和意义。但是,随着经济发展,人口剧增,城市化、工业化进程的加快,人类对环境的破坏越来越严重,生存环境日益恶化,环境问题日益突出和严重,已经成为世界三大公害之一。日益严重的环境问题,引起了全球的极大关注。各国纷纷摒弃传统法律上的"环境为无主物"的旧观念,将环境纳入法律调整的领域,又由于仅靠行政性质的环境法规及其强制措施,以及承担民事侵权责任的制裁方式,不足以预防并阻止环境违法行为的发生和蔓延,于是各国又都选择了刑事立法来加大惩治的力度。近年来,对于环境的刑法保护问题也已成为国际上讨论的重要课题。1978 年 8 月在布达佩斯举行的第 10 次国际比较法大会上,就曾认真讨论过这个课题,联合国预防犯罪和罪犯待遇大会上也讨论并通过了《刑法在保护自然和环境中的作用》的决议。联合国国际法委员会分别于 1979 年、1991 年制定并通过了《关于国家责任的条款》《危害人类和平犯罪法典草案》，规定大规模污染大气层或海洋的行为，故意严重危害环境的犯罪，属于侵犯国际社会安全和秩序的国际犯罪，适用或起诉或引渡的原则。1994 年 3 月，在美国亚特兰大召开了运用刑罚手段保护环境的国际专家研讨会，通过了环境犯罪的示范性法律。2009 年 9 月举行的国际刑法协会第 18 届大会又讨论了刑法在环境保护方面的作用问题。可以说，加强环境的刑法保护，是当今世界的潮流。同时在风险社会背景下环境刑法变革也要做到稳步前进。

辩证法告诉我们，任何事物都具有两面性。风险社会中环境刑法的新动向同样也是机遇与风险并存。然而，对于大凡新事物，基本都有保守、冒进与折中等三方面的观点。在笔者看来，对待环境刑法的新动向，既要反对故步自封的保守态度，又要反对盲目突进的冒进主义，而应有进有守，对那些顺应我国社会实际的创新，要借鉴和吸收；对那些脱离我国实际的做法，应守住传统刑法的底线。

（一）反对故步自封的保守主义

面对风险社会下环境刑法出现的新动向，我国不少学者采取了故步自封的保守态度，视环境刑法的新动向为洪水猛兽，拒之于千里之外。在笔者看来，这是一种不愿甚至不敢面对现实的表现，有多方面的危害。

首先，保守主义没有正视真理的相对性，将阻碍刑法与时俱进。在我国，学者对环境刑事方法的观点不一，有人对过失危险犯说不，有人对因果关系的推定规则提出反对意见，有人对生态中心主义提出批评，还有更多的人拒绝严格责任。反对者的理由各异：有人说，传统刑法的原理和原则是数百年来人类智慧的结晶，是在不断批判中形成的真理,不容轻易改变;有人称,我国的国情与西方不同,不能轻易移植西方的做法;有人讲,刑法的扩张会使刑法走向疯狂,不利于保护国民的安全。然而,唯物辩证法告诉我们,真理具有相对性。任何真理都只是一定范围、一定发展阶段的正确认识,都是客观事物和规律的近似的正确反映。法律不是已经完成的事业,而是始终处于发展变化之中。每一次社会变革都必然伴随法律的重大革新,陈陈相因、墨守成规只会阻碍法律的发展。现实一再证明,表面上博大精深、圆融自治的传统刑法理论与原则,在新的现实面前往往显得苍白无力。唯有吐故纳新,才能永葆青春。另外,特殊性中蕴含着普遍性,中国特有的国情并不是拒绝环境刑法新动向的理由。在全球化、国际化日益明显的今天,在法律移植和借鉴日渐普遍的当下,任何国家的情况都不可能与外国完全相异,何况环境问题是全人类的共性问题。不可否认,刑法扩张可能存在有损公民自由的风险,但我们决不能因此而裹足不前,化解风险、正视现实才是理性的态度。[1]

其次,保守主义漠视环境问题的严重性,难免导致得不偿失。安全与自由是法律生活中一对始终不灭的矛盾,追求安全,必然压缩公民自由;反之亦然。在社会的某一阶段如何配置社会安全与公民自由,取决于当时的主要矛盾。当安全问题异常突出时,自由要向安全作出某种程度的让步。人类进入风险社会以后,环境污染和生态危机已经严重威胁到人类的生存与发展,已经上升为主要矛盾。此时,民众对安全的期盼以及国家对秩序的追求,比以往任何时候都强烈。在这种情况下,如果刑法仍抱残守缺,漠视"集体的不负责任",尽管公民

---

〔1〕 魏汉涛,"风险社会背景下环境刑法变革要提防两种倾向",载《中国地质大学学报》(社会科学版)2013年第1期。

的自由得到了保障,但失去的可能是健康、生命、未来,甚至整个世界。[1]

最后,保守主义没有直面社会转型的现实,不利于增进国民的福利。改革开放以来,中国经济飞速发展,改善人们的福利已是社会发展的必然趋势,建设福利型国家已是中国的方向。在这种背景下,保障安全、促进公共福利成为国家政策的重点,也深深地影响刑事政策的走向。因此,环境公害这类严重破坏安全,损害社会福利的犯罪受到广大民众和当局的关注。此时,我国学者应改变传统的偏见,以最大的务实心态审视环境刑法的新动向。因为"单纯的价值判断和逻辑推论都不足以完全摧毁或建立其存在的合理性,隐藏于法律原则之后的是被告人利益与社会利益的相互冲突与平衡,是特定时期公众认同程度和社会安全程度决定的刑事政策的取向"。[2]福利社会重在促进福利,传统刑法的一些原则与制度不能满足福利社会下公众对刑法的期待,只有在环境公害犯罪中适度突破传统刑法原则,才能满足民众对安全与秩序的价值选择。环境刑法的新动向给现代社会关于公共治理政策的制定提供了新的视角,无论是立法者还是司法者,都应不断调整自己的姿态,改变自己的立场,只有不断升级和更新,才能防御同样不断升级的环境犯罪的攻击。

(二) 反对盲目突进的冒进主义

与保守主义相反,一些学者盲目推崇环境刑法的新动向,倡导用风险刑法理论主导环境刑法。在笔者看来,风险刑法理论与传统刑法中的正义、谦抑、文明、保守等基本价值大相径庭,大范围的突破会产生诸多不良反应,会滋生得不偿失的风险。

首先,社会福利最大化的愿望可能会落空。环境刑法的诸多新变

---

[1] 魏汉涛:"风险社会背景下环境刑法变革要提防两种倾向",载《中国地质大学学报》(社会科学版)2013年第1期。

[2] 付霞:"论刑法中的严格责任",中国政法大学2004年硕士学位论文,第25页。

化,其意在保护环境,增进社会福利。然而,刑事活动是一项成本高昂的事业,刑事法律系统的正常运转,刑事侦查、起诉、审判、执行等刑事司法活动的各个环节每年都需要巨额的投入。但政府资源是有限的,市场经济背景下稀缺资源的投入应当有效益。这就要求国家动用刑法防范风险时必须权衡成本与收益的关系,刑事措施的努力只能增加到边际成本与边际收益相等的那一点。换言之,在考虑用刑法防范环境风险的过程中,不是要努力将风险控制到最低程度,而是要将风险控制到最佳的程度,使刑法成本的投入小于或等于刑法的收益。[1]避免出现遏制风险的投入大于遏制风险所带来的收益的情况。如果刑事处罚过分地扩张,就有投入大于收益的风险。从最大化社会福利的角度来看,如果过分地依赖刑法,或者说刑法资源不当地投入,显然不利于实现社会福利最大化。

其次,泛刑法化、重刑化的风险。刑法的谦抑精神要求立法者应当力求以最小的支出,即少用甚至不用刑罚而采用其他刑罚替代措施,来获取最大的社会效益,有效地预防和控制犯罪。换言之,凡是适用其他法律足以抑制某种制造风险的行为,足以防范风险,就不要将其规定为犯罪;凡是适用较轻的制裁方法,就足以抑制某种犯罪行为,足以保护合法权益的,就不要规定较重的制裁方法。然而,环境刑法的新动向表明,立法者将更多的希望寄托于国家力量来管理和控制危险,更加强调一般预防中的事前预防功能,会使刑法的保障法地位有动摇的危险,刑法谦抑精神有被虚置的可能。另外,泛刑罚化、重刑罚化的危害世人皆知。为了使刑法回归理性,增进人类福祉,刑法学人作出了不懈而艰难的努力,终于使罪刑擅断、严刑峻法成为历史。

---

〔1〕 Van Den Bergh, R., L. Visscher, Optimal Enforcement of Safely Law, RILE Working Paper Series, 2008/04.

然而,环境刑法的新动向显示,各国环境刑法有犯罪化、处置早期化的趋势,以致犯罪圈的不断扩大,使泛刑法化、重刑化的担忧不再是杞人忧天。[1]

再次,自由保障机能有弱化的风险。刑法作为国家权力的表现形式之一,与公民的权利与自由是对立的。国家权力不断扩张,就意味公民的权利与自由被不断地压缩。风险社会中,环境刑法的新动向弱化了自由保障机能,主要表现在以下几个方面:其一,在风险社会,环境刑法不仅规制侵害与威胁法益的行为,而且将保护的重心前移,对法益仅具有抽象危险的行为、过失危险行为也进行规制,大大压缩了国民自由的空间。其二,由于环境刑法的新动向偏重于预防和控制,本身就蕴含着摧毁自由的巨大风险。其三,环境刑法将生态法益与个人法益并重,而生态法益具有抽象化、空泛化的倾向。[2]

最后,责任原则有被大范围超越的风险。责任主义是近代刑法的根本原则之一。责任原则意味着主观责任和个人责任,前者指仅在行为能够非难行为人的场合才能科以责任;后者指个人仅对其实施的犯罪负责任,对他人实施的犯罪不能科以责任。[3]具体而言,环境刑法的新动向至少在以下两个方面突破了责任原则:一是严格责任的引入。严格责任意味着被告可能在对危害结果没有任何过错的情况下承担刑事责任,与罪责原则相悖。二是团体责任的广泛适用。环境犯罪的主体主要是公司、企业,单位犯罪确立必然使单位成员对单位决策者作出的决策承担责任。当为预防风险而威慑成为施加刑罚的首要理由时,传统责任主义所构建的防线就面临大范围被突

---

〔1〕 魏汉涛:“风险社会背景下环境刑法变革要提防两种倾向”,载《中国地质大学学报》(社会科学版)2013 年第 1 期。

〔2〕 同上。

〔3〕 马克昌:《比较刑法原理:外国刑法学总论》,武汉大学出版社 2002 年版,第 427 页。

破的风险。

因此在笔者看来应理性地对待环境刑法的新动向,要立基于环境问题的两面性。一方面,我国当前的环境问题非常严峻,如果不采取有效措施,不可能实现可持续发展;另一方面,环境问题是现代经济发展难以避免的产物,至少在现有的科学技术条件下,杜绝污染还无法做到。正因为如此,对环境刑法的新动向,我们既不能过于保守,也不能过于冒进,而应该有所进有所守。德国著名刑法学家罗克辛指出:"无论如何,刑法向危险领域的扩展并不总是令人不必担心的,尤其是因为这种扩展经常通过使用不明确的保护利益,在预备阶段进行了范围过于广大的犯罪化。"[1]我国刑法面对环境刑法的新动向,已有所改进。例如,《刑法修正案(八)》在两个方面对环境资源犯罪进行了修改:一是降低了重大环境污染事故罪的入罪门槛,将"造成重大环境污染事故,致使公私财产遭受重大损失或者人身伤亡的严重后果",修改为"严重污染环境";二是将采矿罪由结果犯修改为情节犯,更好地体现了重在预防的环境资源保护理念。然而,与国外环境刑法的新动向相比,我国环境刑法的发展明显还需要在很多方面有所改进。

第二节　我国环境保护刑事立法的完善

相对于 1979 年《刑法》中对环境犯罪规定的空白来说,我国现行刑法对环境犯罪倾注了大量的关注,并且在法条的设立上填补了 1979 年《刑法》的空白。现行刑法将很多严重破坏环境的行为都归纳成了新罪名入罪,并且将这些新的罪名与之前零散的法条进行归纳,集中

---

〔1〕 [德]克劳斯·罗克辛:《德国刑法学总论》(第1卷),王世洲译,法律出版社 2005 年版,第 19 页。

规定于分则第六章"妨害社会管理秩序罪"的"破坏环境保护罪"一节中，独立成立专门性一节。这种按照侵犯的同类客体的集中性规定，体现了国家对保护环境和自然资源的重视，也使得运用刑罚手段对环境资源的保护更加科学化、系统化，提高了惩治环境犯罪的严密性和针对性，有利于司法机关对该类犯罪的指控和认定。[1] 同时现行刑法在设立罪名时考虑到了当时社会现状中已经凸显出的对一些环境要素的侵害，涉及的要素包括大环境中的大气、森林、水体、土地资源、水产资源等，也着眼到了具体的野生动物以及珍贵树木。另外，现行《刑法》还明确了环境犯罪的刑事责任主体可以是单位，即单位是承担刑事责任的主体之一，实际的处罚方式主要采用双罚制，这一规定也是针对污染事件中的主体多为单位的现状，不仅对单位的环境保护措施是否到位起到了监督作用，还起到了预防环境犯罪的作用。

但是，现行《刑法》颁布之时正是我国社会各方面进入大变革的时期，很快立法者就发现刑法中设立的罪名和主客观方面的要件都不能完全适应实际判案的需求，因此在之后的十几年间立法机关不断地以出台刑法修正案的方式对刑法中的不完善部分进行修订。在诸多修正案中我们常常能见到有关环境犯罪问题的身影，甚至有些修正案的主要篇幅就是完善针对环境犯罪的规定。例如《刑法修正案（二）》中将非法占用耕地罪修订为非法占用农用土地罪，扩大了对土地资源的刑法保护范围；《刑法修正案（四）》中对于危害森林资源的犯罪进行了修订，增加了对危害国家重点保护的植物资源行为的刑事处罚等。2011 年《刑法修正案（八）》中第 46 条将《刑法》第 338 条修改为："违反国家规定，排放、倾倒或者处置有放射性的废物、含传染病病原体的

---

〔1〕 郭建安、张桂荣："关于改革与完善我国环境保护刑事立法的建议"，载《法律适用》2007 年第 10 期。

废物、有毒物质或者其他有害物质,严重污染环境的,处三年以下有期徒刑或者拘役,并处或者单处罚金;后果特别严重的,处三年以上七年以下有期徒刑,并处罚金。"第47条将《刑法》第343条第1款修改为:"违反矿产资源法的规定,未取得采矿许可证擅自采矿,擅自进入国家规划矿区、对国民经济具有重要价值的矿区和他人矿区范围采矿,或者擅自开采国家规定实行保护性开采的特定矿种,情节严重的,处三年以下有期徒刑、拘役或者管制,并处或者单处罚金;情节特别严重的,处三年以上七年以下有期徒刑,并处罚金。"这些修正案中关于环境犯罪的补充规定,从一定程度上完善了我国的环境保护刑事立法,修补了之前环境保护刑事立法的不足。

尽管如此,我们也不得不承认,虽然1997年《刑法》和至今为止的9个刑法修正案在一定程度上已经形成了环境保护刑事立法的框架和基本雏形,给予了环境犯罪以一定的重视,即设立了专门一节——破坏环境保护罪,同时在其他章节也规定了一些与环境犯罪相关的犯罪行为,如走私废物罪、走私珍贵动物、珍贵动物制品罪、逃避动植物检疫罪、动植物检疫徇私舞弊罪等,使得我国运用刑法手段对环境资源的保护更加有力。但是与发达国家早在几十年前就设立了相对完善的立法体系相比,我国的环境犯罪刑事立法仍处于蹒跚学步阶段。还有很多严峻的环境犯罪现状亟待解决,很多立法不足需要在未来的立法中加以解决和完善。因此笔者在此对环境犯罪的立法完善提出自己的几点建议,以作抛砖引玉之用。

一、将危害环境的犯罪设立专章

我国现行刑法典分则将具体罪名归类为十章,每一章归类的标准依据是按照犯罪行为侵犯的同类客体。在"妨害社会管理秩序罪"一章中单独分立出了"破坏环境保护罪"一节。那么依据刑法分则的这种分类方法,这样的设置和安排其实是不符合环境犯罪实际侵害的客体的分类的。

我国刑法典将非法排放、倾倒、处置危险废物罪,擅自进口固体废物罪,非法占用农用土地罪,非法捕捞水产品罪等破坏环境的犯罪集中起来,放到破坏环境保护罪一节之中,是因为认为这些犯罪的同类客体是破坏了环境保护;同时又将这一节归入妨害社会管理序罪一章中,是因为认为破坏环境保护罪侵犯的同类客体是社会管理秩序。笔者认为,这样的立法设置是有待商榷的。

之所以说这样考虑和规定不恰当,与环境犯罪实际侵害的客体不符,主要是因为妨害社会管理秩序是对国家确立的并由法律所维护的正常的运作状态的破坏,而环境自身可以构成独立的为刑法所保护的法益,而不必寄于社会管理秩序之篱下,后工业社会时期的环境保护刑事立法将环境犯罪在刑法典中独立成章已经成为一种国际趋势,甚至一些国家还通过了专门的单行环境刑法。[1]典型的大陆法系国家如德国、俄罗斯等都是这样规定的,而其他国家如巴西、澳大利亚的部分州和美国的部分州是以专门的单行环境刑法的立法方式解决的。尽管在许多情况下环境犯罪在侵犯了环境权和环境生态安全的同时也会侵犯有关环境管理的秩序,但是并不意味着环境犯罪首先侵犯的是环境的管理秩序,而是直接危害了环境权和环境生态安全。[2]我国现行刑法典之所以形成这样的立法模式,主要在于我国刑事立法界、刑事司法界和刑事法学界甚至整个社会对环境特性的认识还比较落后,在很大程度上依然停留在工业化社会的传统环境保护刑事立法阶段。在工业化社会,传统的环境保护刑事立法未把环境视为独立的犯

---

〔1〕 郭建安、张桂荣:"关于改革与完善我国环境保护刑事立法的建议",载《法律适用》2007年第10期。

〔2〕 同上。

罪对象,而是将其附属于人类及其财产之下,只有对环境的侵害伴随着人身的伤害和财产的损失时,才会追究行为人的刑事责任。我国1997年《刑法》关于环境犯罪的定罪成立标准仍然要求有一定程度的人身伤害和财产损失的结果(即结果犯),但是分析犯罪侵害的客体乃至对象时,不再简单地将之认为是对公民个体的人身或是财产的侵害,而应认为这些行为归根结底是妨害了社会管理秩序,使环境摆脱了对人身和财产的直接依附关系,但仍应强调环境对人身和财产的间接依附关系,仍应将其置于人的正常生活所需要的社会秩序之下。在看待人与自然的关系上,人本位的色彩依然根深蒂固。但是,中国确立的科学发展观特别强调"人与自然的和谐发展",这使得我国对人与环境的认识向前迈进了一大步,使环境不再是消极的客体,而在一定意义上也成了主体。所以笔者认为将环境犯罪单独成立一个分论专章是十分必要的。

我国现行刑法典中关于环境犯罪归纳的专节名称是"破坏环境保护罪",笔者认为这一称谓的确立需要再斟酌。如果要准确地归纳这一专节,甚至在今后的刑法典修正中如果像笔者在前文中提到的建议一样设立专章规定环境犯罪,其称谓应准确表述为"危害环境罪"。环境和资源这两个概念并不是并列的地位,环境指的是一个总的生态体系,其中包含了资源这一概念,可以说资源是环境的一个子概念。纵观国内外环境法的相关资料中,对这两者的关系都是以包含与被包含的关系来认定的。如联合国环境署所编写的标准教科书《环境法教程》对环境定义所做的评述是:"任何一个环境的一般定义最好完整地包括所有的影响地球上的有生命的和无生命的因素以及它们之间的相互作用。它包括有生命体和无生命体两部分。有生命的资源包括动物(其中包括人类)、植物和微生物。无生命的资源由两部分组成:其一是行星的物质生命支持系统如地理、水文、大气、物质和能源。其二是包括人造环境在内的历史的、文化的、社会的和美学的成分。"[1]
该教程中涉及了包括加拿大、斯洛文尼亚、埃及、泰国、澳大利亚等多
个国家在内的环境法中对环境的定义,都做的是广义的关于资源的定
义。"在国际环境保护法学的意义上,环境的概念也是广义的。"[2]从
这一达成共识的概念来看,我国的专节中将原本包含关系的两个概念
并列在一起称谓是存在逻辑错误的,这也反映出了我国刑事立法界和
刑事法学界缺乏足够的自然科学知识,尤其是环境科学方面的知识
背景。

应当引起足够重视的是,我国《环境保护法》对环境就是从广义角
度做了界定:"本法所称环境,是指影响人类生存和发展的各种天然的
和经过人工改造的自然因素的总体,包括大气、水、海洋、土地、矿藏、
森林、草原、野生生物、自然遗迹、人文遗迹、自然保护区、风景名胜区、
城市和乡村等。"在《环境保护法》中提到的这一概念既提到了环境的
自然特征,也包括了环境的社会学特征,现行刑法中将环境与资源并
列的提法也与我国已经颁布的有效法律相冲突。而《环境保护法》对
环境的界定应当优于《刑法》对环境定义的解读。[3]

二、对污染环境罪的解析

我国《刑法修正案(八)》第 46 条对 1997 年《刑法》第 338 条作了
重大修改,使原来的重大环境污染事故罪变更为污染环境罪。这两罪
的犯罪构成在实行行为、犯罪对象和危害结果等构成要件要素方面均

---

〔1〕 联合国环境规划署编著:《环境法教程》,王曦等译,法律出版社 2002 年版,第 3 页。

〔2〕 江伟钰、江伟铿编著:《国际环境保护法学》,中国环境科学出版社 1993 年版,
第 3 页。

〔3〕 郭建安、张桂荣:"关于改革与完善我国环境保护刑事立法的建议",载《法律适
用》2007 年第 10 期。

存在重大差异,通过比较两罪的犯罪构成和解读污染环境罪的犯罪构成,对污染环境罪的准确适用具有重要意义。犯罪结果是污染环境罪的重要构成要件要素,也是法官量刑的主要根据,并且犯罪结果与犯罪客体具有重要联系,因此,笔者在此将对污染环境罪的犯罪客体和犯罪结果进行探讨。

(一) 污染环境罪的犯罪构成简析

根据犯罪结果之差异,重大环境污染事故罪的罪状可分为基本罪和加重罪两种情况,并配置了不同的法定刑。在犯罪构成的宏观方面,污染环境罪与重大环境污染事故罪保持一致,即罪状分为基本罪和加重罪两种情况,并且加重罪的罪状和两档法定刑与重大环境污染事故罪并无二致。污染环境罪与重大环境污染事故罪的区别在于基本罪的犯罪构成方面的差异,这主要表现在以下三方面。

1. 取消了空间范围的限制

根据修改前的《刑法》第338条的规定,重大环境污染事故罪中实行行为的空间范围是土地、水体和大气,而《刑法修正案(八)》删除了这里的空间限制,即无论在什么场域实施排放、倾倒或处置有害物质的行为,都符合污染环境罪实行行为的形式要求。此处修改扩大了污染环境罪的保护范围,弥补了原规定保护不足的缺陷。

2. 扩大了污染物的范围

根据修改前的《刑法》第338条的规定,重大环境污染事故罪中的污染物是有放射性的废物、含传染病病原体的废物、有毒物质或者其他危险废物,也即污染物的种类必须是“危险废物”。而“危险废物”具有特定的内涵和外延,其认定依据是由国家环保部和发改委共同制定的《国家危险废物名录》,凡不属于该名录范围内的污染物均不是“危险废物”。但问题是,能够造成重大环境污染并导致人身、财产损害的污染物并非仅限于“危险废物”。随着工业的发展和科技的进步,很多比"危险物质"毒害性轻的有害物质也可能会给环境造成重大破坏,但根据罪刑法定原则的要求,对于这类行为显然无法进行刑法规制。不仅如此,由于立法的滞后性或人类认识水平的局限性,那些比"危险废物"毒害性更大或者具有相同毒害性的有害物质由于没有及时地被收入《国家危险废物名录》中,其所造成的重大环境污染事件同样脱离于刑法规制之外。概而言之,修改前的《刑法》第338条的规定对《国家危险废物名录》以外的有害物质所造成的重大污染事件无法进行预防和惩处,因此,"修改后的第338条将'危险废物'修改为'有害物质',其范围大大拓宽,有助于降低环境保护刑事犯罪的门槛"。[1]

3. 降低了犯罪结果的要求

《刑法》原第338条规定重大污染环境罪的犯罪结果是"造成重大环境污染事故,致使公私财产遭受重大损失或者人身伤亡的严重后果",《刑法修正案(八)》将这一结果要素改为"严重污染环境",从而极大地降低了本罪的入罪要求,扩大了本罪的犯罪圈,体现了立法者价值理念的变化和从严惩治环境犯罪的态度。这一修改具有重要的司法实践价值:(1)重大环境污染事故罪的罪状条件过苛、限制过死,对于那些虽然没有造成重大人身、财产损失但严重污染环境的行为无法进行刑法规制;(2)有些环境污染的危害后果具有潜伏性和长期性,对人身或财产造成的损害要经过一段时期才能表现出来,对于这类环境污染行为若不及时进行刑罚惩治,在行政处罚不足以抑制污染行为继续进行的情况下,无异于放任环境污染给人身或财产造成损失,显然是十分不合理的。

---

[1] 王炜:《〈刑法〉大幅修改'重大环境污染事故罪'》,载《中国环境报》2011年3月4日第3版。

总的来说,"本次修改,通过扩展适用范围、降低入罪门槛的方式,极大地增强了《刑法》的威慑力。这对我国刑事法律责任的完善、加大对环境污染犯罪行为的打击力度,具有重要意义"。[1]与重大环境污染事故罪相比,污染环境罪的基本罪的犯罪构成有所变化,其基本情况如下:

(1)客体要件。环境犯罪的客体问题在法学界也是争议纷呈,主要存在公安安全说、环境保护制度说、双重关系说、复杂客体说、环境法益说和环境权说等观点,这些争议同样体现在重大环境污染事故罪身上,并延续在污染环境罪中。犯罪客体与犯罪结果具有重要联系,二者可谓抽象与具体的关系,下文将对这两个问题进行探讨,此处不再赘述。

(2)客观要件。根据《刑法》第338条的规定,污染环境罪的客观要件包括违法前提、危害行为、危害结果三个要素。[2]违法前提是指"违反国家规定",这属于刑法学上的空白罪状,一般是指行为违反了相关环境法律法规的规定;危害行为是指排放、倾倒或者处置有放射性的废物、含传染病病原体的废物、有毒物质或者其他有害物质;危害结果是指严重污染环境。

(3)主体要件。本罪的主体是一般主体,包括自然人和单位,这与重大环境污染事故罪无异。

(4)主观要件。重大环境污染事故罪的罪过形式素来存在争议,存在有过失说、故意说和复合罪过说三种观点,其中"过失说"是通说

---

〔1〕 王炜:"《刑法》大幅修改'重大环境污染事故罪'",载《中国环境报》2011年3月4日,第3版。

〔2〕 汪维才:"污染环境罪主客观要件问题研究——以《中华人民共和国刑法修正案(八)》为视角",载《法学杂志》2011年第8期。

观点。[1]《刑法修正案（八）》第 46 条的内容没有涉及《刑法》第 338 条的罪过形式，因此重大环境污染事故罪主观罪过之争议在污染环境罪中将会延续。关于污染环境罪的罪过形式，同样存在过失说、[2]故意说、[3]复合罪过说[4]三种观点，甚至还有人提出严格责任的主张。[5]由于本文主要探讨污染环境罪的犯罪结果，故对本罪的主观要件不再论述。

通过上述分析笔者认为，《刑法》对本罪的犯罪结果规定得十分简单，而犯罪结果又是本罪司法适用中的核心要素，因此对犯罪结果的理解和认定是实践中的难题和要点。从理论上来说，犯罪结果是犯罪客体的体现，犯罪结果的判定应结合犯罪客体进行。因此，下文将对污染环境罪的犯罪客体和犯罪结果两个问题进行探讨。

（二）污染环境罪的犯罪客体辨析

污染环境罪与重大环境污染事故罪的犯罪客体具有内在联系，通过解读重大环境污染事故罪的犯罪客体，有助于准确界定污染环境罪的犯罪客体。

1. 重大环境污染事故罪的犯罪客体

污染环境罪与重大环境污染事故罪的犯罪构成存在差异，两者的犯罪客体应当有所区别，但污染环境罪起源于重大环境污染事故罪，两者的犯罪构成又必然存在联系。因此，需要先对重大环境污染事故罪的犯罪客体简要分析，并在此基础上探讨污染环境罪的犯罪客体。

〔1〕 粟相恩："污染环境罪法益与罪过形式探析"，载《人民检察》2012 年第 9 期。
〔2〕 冯军："污染环境罪若干问题探讨"，载《河北大学学报》（哲学社会科学版）2011 年第 4 期。
〔3〕 郑牧民、习明："论污染环境罪的罪过形式"，载《求索》2012 年第 11 期。
〔4〕 汪维才："污染环境罪主客观要件问题研究——以《中华人民共和国刑法修正案（八）》为视角"，载《法学杂志》2011 年第 8 期。
〔5〕 张飞飞："污染环境罪立法完善问题研究"，载《重庆理工大学学报》（社会科学版）2013 年第 5 期。

关于重大环境污染事故罪的犯罪客体，主要存在以下五种观点：

（1）公共安全说。该说认为，环境犯罪侵犯的是不特定多数人的生命、健康和重大财产的安全，[1]重大环境污染事故罪是典型的环境犯罪，因此其侵犯的客体必然也是公共安全。

（2）复杂客体说。该说认为，"本罪的客体为复杂客体，主要客体为环境利益，即人类社会所共同拥有的生态环境和赖以生存的自然资源；次要客体为公共安全，即不特定的或多数人的人身和财产的安全"。[2]

（3）环境保护制度说。该说认为，重大环境污染事故罪的客体"应该是国家对环境保护的管理制度"。[3]

（4）环境法益说。该学说以大陆法系刑法相关理论为基础，认为将环境法益作为犯罪的客体是社会法治化的内在要求，比传统刑法单纯保护人类利益更具合理性，与环境刑法的行政化特点一致，克服了将制度作为犯罪客体的局限性，体现了环境犯罪的客体的独立性，有利于实现对环境的全面保护。我国也有学者主张，重大环境污染事故罪侵犯的客体是我国宪法所保护的生活环境和生态环境。[4]

（5）环境权说。该说认为，"环境犯罪侵犯的是国家、法人和公民的环境权"，"应从环境的人本主义和非人本主义出发，从权利和义务的相对性出发来确定环境权作为环境犯罪的客体"。[5]

笔者认为，关于重大环境污染事故罪犯罪客体的理解，一方面应

---

〔1〕 王力生："环境犯罪及其立法完善"，载《当代法学》1991 年第 3 期。

〔2〕 钟娟、马骏："重大环境污染事故罪若干问题探析"，载《学海》2008 年第 6 期。相似观点还可参见钱水苗："论重大环境污染事故罪"，载《浙江大学学报》（人文社会科学版）2000 年第 2 期。

〔3〕 李永升："破坏环境保护罪的构成特征探析"，载《现代法学》2005 年第 2 期。

〔4〕 尹常庆："对重大环境污染事故罪的探讨"，载《环境保护》1998 年第 2 期。

〔5〕 杜澎、王秀梅："论环境犯罪的构成特征"，见高铭暄、赵秉志主编：《刑法论丛》（第 1 卷），法律出版社 1998 年版，第 131 页。

以其所属的类罪的犯罪客体为指导，另一方面应根据其犯罪构成所预设的犯罪结果来判断。本罪隶属于我国《刑法》第六章"妨害社会管理秩序罪"，"本类犯罪侵犯的共同客体，是国家对社会的管理活动和社会正常秩序"。[1]进而言之，重大环境污染事故罪又是《刑法》第六章第六节"破坏环境保护罪"中的罪名，"本类罪侵犯的客体是国家环境资源管理秩序。国家环境资源管理秩序是指国家为保护生态平衡和生活环境，通过环境保护法规而形成的环境资源管理关系的有序性、稳定性和连续性，是社会管理秩序的重要表现"。[2]因此，首先，"重大环境污染事故罪侵犯的客体是国家对环境保护和污染防治的管理秩序"。[3]另外，本罪基本罪的构成要件结果是"造成重大环境污染事故，致使公私财产遭受重大损失或者人身伤亡的严重后果"；加重罪的构成要件结果是"后果特别严重"。2006年7月21日颁布的最高人民法院《关于审理环境污染刑事案件具体应用法律若干问题的解释》分别从人身、财产损失和环境污染程度三方面对这两种犯罪结果进行细化，人身、财产损失和环境污染程度是定罪量刑的重要事实根据，可见，人身安全、财产安全和环境利益也是刑法所保护并为本罪所侵犯的客体。综上，笔者认为，重大环境污染事故罪所侵犯的客体是复杂客体，即国家对环境保护和污染防治的管理秩序、公民的人身和财产安全以及生态环境安全。上述观点均存在一定缺陷，表现在：

（1）公共安全说忽略了本罪对国家的环境保护制度和生态环境安全所造成的破坏，而且也容易与危害公共安全犯罪混为一谈，失之片面；

---

〔1〕 高铭暄主编：《刑法学》，中国人民大学出版社1998年版，第459页。

〔2〕 李希慧主编：《妨害社会管理秩序罪新论》，武汉大学出版社2001年版，第490～491页。

〔3〕 王作富主编：《刑法分则实务研究》（下），中国方正出版社2010年版，第1512页。

（2）复杂客体说也不够全面，即没有将国家的环境管理制度纳入进去；

（3）环境保护制度说与复杂客体说存在类似问题，即没有将公民的人身、财产安全和生态环境安全纳入考虑范围；

（4）环境法益说与环境保护制度说的缺陷相似，而且环境法益究竟是一种什么性质的法益，谁是该法益的主体，这些问题并不明确，故以此概念作为本罪客体亦不妥当；

（5）环境权说同样因概念的模糊性而不宜用来解释本罪的客体，什么是环境权、环境权的主体是谁、环境权的内容是什么等问题在学术界并未形成定论，将一种法律未明确规定的权利作为刑法中的犯罪客体，有违刑法的谦抑精神，并不足取。

2. 污染环境罪的犯罪客体

《刑法修正案（八）》对原重大环境污染事故罪的犯罪构成作了重大修改，从而演变成污染环境罪。那么，污染环境罪的犯罪客体与重大环境污染事故罪是否相同呢？如果不同，区别又在何处呢？上面关于重大环境污染事故罪犯罪客体的研讨，正是为解决这一问题而做的铺垫。笔者认为，对污染环境罪客体的辨析同样需要从本罪的类别归属和保护法益两方面进行。首先，本罪的类别归属没有变，因此，国家对环境保护和污染防治的管理秩序仍然是本罪客体的内容。其次，本罪基本罪的犯罪结果是严重污染环境的，因此，生态环境安全也是本罪客体的内容。那么，公民的人身和财产安全是否为本罪客体的内容呢？有学者认为，"本次修订后，环境犯罪成为侵犯单一客体的犯罪，在认定犯罪成立与否时，只需考察行为人是否实施了环境污染和破坏行为及是否达到了诸如'严重污染环境''情节严重'的程度，清晰地反映了国家保护环境和资源的立法意图"。[1]笔者对此不能苟同。笔者认为,虽然污染环境罪的构成要件的结果是"严重污染环境",删除了原条文关于"致使公私财产遭受重大损失或者人身伤亡的严重后果"之规定,表面上看似将公民的人身和财产安全排除在外,但实际上并非如此,公民的人身和财产安全仍然是污染环境罪客体的重要内容,理由主要有两点:(1)环境污染行为通常容易造成人身伤害和财产损失,《刑法》不可能对此视而不见,人身伤害或财产损失必然是评价污染结果是否严重的重要指标;(2)"两高"出台的司法解释也明确将公民人身或财产损失作为判断"严重污染环境"和"后果特别严重"的根据,表明公民人身和财产安全也是污染环境罪客体的内容。2006年7月21日颁布的"两高"《关于办理环境污染刑事案件适用法律若干问题的解释》规定,"致使三十人以上中毒的"等三种人身伤害情形属于"严重污染环境","致使一百人以上中毒的"等五种人身伤亡情形属于"后果特别严重",此外还有关于财产损失的规定。因此,笔者认为,污染环境罪的客体与重大环境污染事故罪的客体是相同的。有人指出,"我国刑法中污染环境罪的客体,不仅包括人类的生命、健康和财产等传统权利,而且涵盖范围更广阔的人类的环境权——即全体社会成员所享有的在健康、安全和舒适的环境中生活和工作的权利,进一步还包括生态环境利益本身,即以整个生物界为中心而构成的为生物生存所必要的外部空间和无生命物质的总和"。[2]笔者赞成这一看法。然而,两罪的犯罪构成确实存在很大差异,对此应如何解释呢?笔者认为,两罪犯罪构成之变化,体现了立法者价值理念的变更:重大环境污染事故罪以人身伤害或财产损失为构成要件的结果,体现了以

---

〔1〕 王勇:"从《刑法》修订看中国环境犯罪立法观转变",载《环境保护》2011年第7期。

〔2〕 陈庆、孙力:"有关污染环境罪的法律思考——兼论〈刑法修正案(八)〉对重大环境污染事故罪的修改",载《理论探索》2011年第3期。

传统个人专属法益为基础的人本主义法益观;污染环境罪删去了关于人身伤害或财产损失的规定,体现了以环境为内容的生态法益观,更加突出了环境本身的重要价值。[1]"生态本位主义的法益观认为,生态环境具有自身独立的价值,与人类的利用、生活功能并没有直接的关系。而人本主义的法益观则坚持,刑法所保护的法益必须以人的利益为基础,即使对人类以外的生物和环境媒介予以保护,目的仍在于保护人的利益。"[2]这一立法变化对司法实践的影响是:重大环境污染事故罪的入罪根据是一元的,即只有造成重大公私财产损失或严重的人身伤亡结果才可能成立犯罪,对环境本身的污染或破坏不足以单独构罪,这"意味着无论行为人对环境造成多么严重的污染,只要没有造成公私财产的重大损失或者人身伤亡的严重后果,就不能追究污染者的刑事责任"。[3]污染环境罪的入罪根据是二元的,即除了上述人身伤害或财产损失之外,对环境本身的污染或破坏达成一定程度的,也可以单独成立犯罪。概而言之,污染环境罪与重大环境污染事故罪的客体是相同的,但通过立法修改降低了前者的入罪门槛,使环境污染行为可以单独用来作为定罪标准,这就扩大了《刑法》第338条的涵摄范围,使环境犯罪的防控阵线前移,符合当前我国生态环境日益恶化的现实状况。

(三) 污染环境罪的犯罪结果分析

对污染环境罪犯罪客体之界定,有助于认定污染环境罪的犯罪结果。本罪犯罪结果的认定,主要涉及两个问题:一是本罪的性质是行为犯、危险犯还是结果犯? 二是如何理解"严重污染环境"和"后果特别严重"?

---

〔1〕 粟相恩:"污染环境罪法益与罪过形式探析",载《人民检察》2012 年第 9 期。
〔2〕 粟相恩:"污染环境罪法益与罪过形式探析",载《人民检察》2012 年第 9 期。
〔3〕 黄太云:"《〈刑法修正案(八)〉解读》(二)",载《人民检察》2011 年第 7 期。

1. 本罪的犯罪性质

污染环境罪的重罪形态是结果犯,基本上不存在争议,但其基本犯属于何种类型的犯罪,学界存在争议,有三种不同观点:(1)行为犯说。有学者认为,《刑法修正案(八)》取消了《刑法》第338条关于犯罪结果的规定,代之以行为程度的要求,使本罪的客观形态从结果犯转化为行为犯。[1]另有学者指出,"《刑法修正案(八)》修改后的刑法第338条采用的是行为犯的既遂规则"。[2](2)危险犯说。有学者认为,《刑法修正案(八)》删去了"致使公私财产遭受重大损失或者人身伤亡的严重后果的"构成要件,使本罪由实害犯变为危险犯。[3](3)结果犯说。有学者认为,"污染环境罪的犯罪类型仍为结果犯,而非行为犯或危险犯"。[4]

笔者认为,污染环境罪的基本罪也是结果犯,而不是行为犯或危险犯。(1)行为犯的概念和立法模式。行为犯是指,"仅以一定的行为为犯罪构成的要件,而不以结果的发生为犯罪构成要件的犯罪"。[5]在刑法分则中,行为犯的罪状表现为特定行为之完成,犯罪之成立不以危险或实害的发生为要件。例如,《刑法》第103条煽动分裂国家罪的罪状是"煽动分裂国家、破坏国家统一的",《刑法》第316条脱逃罪的罪状是"依法被关押的罪犯、被告人、犯罪嫌疑人脱逃的",这些行为犯的罪状中均没有犯罪结果的要求。因此,"行为犯最根本的特征是其基本构成要件不需要危害结果的发生,而结果犯的基本构成

---

〔1〕 王勇:"从《刑法》修订看中国环境犯罪立法观转变",载《环境保护》2011年第7期。

〔2〕 李岸曰:"新'重大环境污染罪'属结果犯、危险犯还是行为犯?",载《环境保护》2011年第11期。

〔3〕 陈庆、孙力:"有关污染环境罪的法律思考——兼论《刑法修正案(八)》对重大环境污染事故罪的修改",载《理论探索》2011年第3期。

〔4〕 张飞飞:"污染环境罪立法完善问题研究",载《重庆理工大学学报》(社会科学版)2013年第5期。

〔5〕 马克昌主编:《刑法学》,高等教育出版社2003年版,第69页。

要件却需要危害结果的发生"。[1] (2)危险犯的概念和立法模式。危险犯是指"刑法规定的以行为造成的危险为犯罪构成要件的犯罪",[2]危险犯不以发生实害结果为构成要件。危险犯可分为具体危险犯和抽象危险犯,具体危险犯是指以行为人实施的危害行为造成法定的具体危险结果作为犯罪构成必要条件的犯罪,抽象危险犯是指以行为人实施的危害行为所造成的抽象危险结果作为犯罪构成必要条件的犯罪。[3]对于具体危险犯,刑法一般都会明确规定相应的危险状态,例如,《刑法》第116条的破坏交通工具罪要求"足以使火车、汽车、电车、船只、航空器发生倾覆、毁坏危险";《刑法》第143条的生产、销售不符合安全标准的食品罪要求"足以造成严重食物中毒事故或者其他严重食源性疾病的"。这两罪是典型的具体危险犯。对于抽象危险犯,刑法一般没有明确规定具体的危险状况,其危险状态是由刑法拟制的,行为符合罪状之规定,通常即成立犯罪。例如,作为抽象危险犯的非法携带枪支、弹药、管制刀具、危险物品危及公共安全罪,只要行为人在公共场所、公共交通工具上非法携带枪支、弹药、管制刀具、危险物品(即符合刑法规定的行为方式),即使没有使用,也可以认定该行为产生了危害公共安全的危险状态,[4]即可成立犯罪。(3)污染环境罪的基本罪不符合行为犯和危险犯的概念要求和立法模式。污染环境罪基本罪的罪状是"违反国家规定,排放、倾倒或者处置有放射性的废物、含传染病原体的废物、有毒物质或者其他有害物质,严重污染环境的"。可见,污染环境罪基本罪的客观要件由违法前提、实行行为和危害结果三要素组成,该特定的危害结果使得本罪不可能是行为犯,也

---

〔1〕 李希慧、童伟华:"论行为犯的构造",载《法商研究》2002年第6期。
〔2〕 苏彩霞、齐文远:"我国危险犯理论通说质疑",载《环球法律评论》2006年第3期。
〔3〕 叶高峰、彭文华:"危险犯研究",载《郑州大学学报》(社会科学版)2000年第6期。
〔4〕 周健中、胡佳、曹俊华:"危险犯的具体实践认定",载《法学》2009年第5期。

有别于以危险状态而非实害结果为构成要件要素的危险犯,因此,污染环境罪的基本罪是结果犯,而不是行为犯或危险犯。

2. 对"严重污染环境"和"后果特别严重"的理解

由于《刑法》未对"严重污染环境"和"后果特别严重"作出具体规定,根据我国的司法传统,对这两种危害结果的认定一般应根据司法解释或者司法惯例进行。2013 年 6 月 19 日,"两高"联合制定的《关于办理环境污染刑事案件适用法律若干问题的解释》(下文简称《解释》)正式实施,该《解释》第 1 条和第 3 条分别对"严重污染环境"和"后果特别严重"做了细化规定,为司法实践提供了较为明确的指导。对于《解释》中涉及犯罪结果的理解和适用,需要注意以下两个问题。

(1)《解释》虽然规定了危害行为或危害结果的 23 种具体情形,但鉴于工业的发展和技术的进步,这 23 种情形显然不可能涵盖所有严重污染环境的行为,未来必然还会出现其他严重污染环境的行为。对于这些危害行为或危害结果的理解及其刑法适用,应当参照《解释》第 1 条和第 3 条的规定进行,只有在行为方式或危害结果上与《解释》的内容具有相当性时,才有可能入罪,以防止法官自由裁量权的不当行使。

(2)《解释》第 1 条规定的第一种至第五种情形均是污染环境的行为,而没有明确的危害结果,这是否与污染环境罪的基本罪是结果犯的结论存在冲突呢?笔者认为并不存在冲突。如前所述,本罪的客体包括公民的人身、财产安全和生态环境安全,在没有危害人身或财产安全的情况下,单纯对环境作出严重破坏的行为已经不存在入罪障碍了,《解释》第 1 条第一项至第五项的内容正是严重破坏环境的表现。鉴于具体污染状况的复杂性、人类认识能力的有限性和司法解释的简洁性等因素,《解释》不可能也没有必要对这五种严重污染环境行为的危害结果给出明确的结论。但毫无疑问的是,这五种行为必然会对环境造成严重污染或破坏。有学者指出："从实践看,许多严重的、累积性的环境污染行为并没有直接的危害结果出现,其所导致的人身或财产的危害结果、对物种的破坏、土地的盐碱化和荒漠化等结果往往具有滞后性,有时需要十几年甚至几十年才能显现,因此,建立起针对环境本身的'严重污染'判断标准是非常必要的。"[1]《解释》第 1 条第一项至第五项的内容实际上是最高司法机关制定"严重污染"之规范标准的初步尝试,其并不能推翻污染环境罪的基本罪是结果犯的结论。

三、降低环境犯罪构成要件中对传统结果的要求

我国现行刑法中关于环境犯罪的条款多属于结果犯条款,要求的结果中不少多为传统结果,即对人身或财产实际损害的发生是环境犯罪构成的要件,例如第 338 条"重大污染责任事故罪"和第 339 条"非法处置进口固体废物罪"等。但是,根据环境刑事立法的国际趋势和环境刑事法学研究的趋势,环境犯罪的成立对危害结果的依赖程度越来越低。在最初的传统结果犯时代,环境犯罪的成立必须要有对人身或人所拥有的财产这样的传统法益的有形侵害结果的发生。到了环境结果犯的概念出现之后,环境犯罪的成立仅要求对环境这一非传统法益构成有形损害即可。危险犯的概念引入之后,环境犯罪的成立不再依赖损害结果的发生,而对传统法益或环境法益构成危险就足矣了。最后,关于环境行为犯的最新理论探讨和司法实践则表明,行为人针对环境的消极行为可能在既未导致任何损害结果,又尚未构成危险的情况下,也可能被视为环境犯罪。

我国关于环境犯罪的现行刑事法律规定显然与环境犯罪的特点

---

〔1〕 陈庆、孙力:"有关污染环境罪的法律思考——兼论《刑法修正案(八)》对重大环境污染事故罪的修改",载《理论探索》2011 年第 3 期。

和国际社会环境刑事立法及环境刑事法学研究的趋势不符,也与国家保护环境的目的不符。这种仍将危害结果,特别是传统结果规定为犯罪构成要件的做法,对保护环境也极为不利,是一个重大缺陷,与当今注重环境保护的思想不符。这是因为环境犯罪是一种特殊的犯罪,破坏环境的犯罪行为一旦实施,就将对环境产生现实的及潜在的危险。如果放任不管,结果必将造成环境的严重被破坏,生态系统平衡不能恢复或难以恢复。因此在犯罪结果发生以前,对可能使自然和人的生命、健康和重大公私财产处于危险状态的环境犯罪,即危险犯予以处罚,才是对人类和环境的有效保护。也就是说,为了保护社会公共利益,无须等危害环境的实害发生,法律就应把这种足以造成环境的污染和破坏的行为定为犯罪。许多国家,考虑到环境犯罪的特点,在规定结果犯的同时,也规定了危险犯和举动犯。例如日本 1970 年《公害罪法》(关于危害人体健康的公害犯罪制裁法)第 2 条规定:"凡伴随工厂或事业单位的企事业活动而排放有损于人体健康的物质,使公众的生命或身体发生危险者,应处 3 年以下有期徒刑或 300 万日元以下的罚金。"该法将处罚危险犯作为公害罪成立要件之一,在于排放有害物质使公众的生命或身体发生危险,而不以发生灾害为必要。现行《俄罗斯刑法典》关于生态犯罪也有危险犯的规定,该法第 247 条第 1 款规定:"违反现行规则生产被禁止种类的有害废料,运输、保管、埋藏、使用或以其他方式处理各种放射性细菌性的、化学的物质和废料,如果这些行为构成严重损害人类的健康或环境的危险的,处数额为最低劳动报酬 200 倍或被判刑人 2 个月至 6 个月的工资或其他收入的罚金,或处 3 年以下的限制自由,或处 2 年以下的剥夺自由。"《巴西环境犯罪法》中的绝大多数条款都是将结果作为加重情节规定,而不是作为犯罪构成的要件规定。韩国、德国、奥地利、葡萄牙、瑞典等国也都规定了危险犯或行为犯。

国际刑法学会 1994 年在巴西里约热内卢举行的第 15 次代表大会通过的《关于危害环境犯罪(总则适用部分)的决议》中,规定了环境犯罪定义应包括的最低限度行为,主要包括:对环境造成严重损害的作为或不作为;违反已规定的环境标准造成现实的和紧迫危险。该决议也承认了环境犯罪中危险犯存在的合理性。然而我国现行的环境刑事立法在犯罪构成上仍持结果本位主义,主张只有客观上造成严重污染、破坏行为才成立犯罪,对环境犯罪的行为犯和危险犯不加以刑事处罚。这势必造成一部分可能对环境造成严重危害的行为得不到应有的刑事处罚,从而使刑法在预防环境污染和破坏方面的特殊功能难以发挥。因此,在立法上应当增加对环境犯罪危险犯的规定,充分发挥刑法惩治危险犯的先期屏障作用。

四、合理确立环境犯罪体系

现行环境犯罪立法保护的范围狭窄,对于环境要素的保护不完全。环境是一个系统,任何系统的组成部分出现问题,都会影响到环境的质量和生态平衡的保持。因此,保护环境就应当从危害生态平衡的角度出发,对破坏环境和污染环境的犯罪予以同等重视,对环境的各个要素和组成部分予以同等重视。但是,我国现行《刑法》在这方面存在两个问题:一是刑法确立的环境犯罪体系不完善,在其他国家作为犯罪处理的许多行为种类没有被包括进来。尽管自 1997 年《刑法》颁布以来,全国人大常委会又颁布了一些必要的修正案,但是这一体系依然漏洞很多。例如危害草原资源的犯罪和破坏重要湿地的犯罪等,以及危害蕴藏着人类物种和完整生态系统的自然保护区的犯罪都没有规定。这些缺陷的存在导致我国环境保护刑事法律体系不够严密,以致现实中污染环境和破坏草原资源的行为日益严重。例如,据报道,内蒙古草原因滥搂发菜,1.9 亿亩草原遭到严重破坏。因此,有

600 万亩草原完全沙漠化。二是环境污染犯罪和环境破坏犯罪之间比例失调。我国刑法规定的破坏环境保护罪共有 14 种罪名,破坏资源的犯罪多达 11 种,而环境污染的犯罪只有 3 种罪名(重大环境污染事故罪、非法处置进口的固体废物罪,擅自进口固体废物罪),这显然没有穷尽现实生活中可能发生或已经发生的所有污染环境的罪种。比如对大气污染的犯罪、对海洋的污染犯罪、对内水资源的污染犯罪、对土地资源的污染犯罪、核污染的犯罪、噪声污染的犯罪等规定。而往往这些环境污染的犯罪在所有破坏环境保护罪中对人类生命健康的侵害最直接,性质最恶劣,最应当受到刑法严惩。笔者在此对应然的环境犯罪体系做一些简要的设想,认为合理完善的危害环境犯罪的专章应该包含以下几个犯罪。

(一) 侵害动物罪

这类犯罪应当包括针对动物的任何犯罪。与一些环境刑事立法较为超前的发达国家相比,目前我国环境刑事立法存在以下几个问题:一是"犯罪对象动物的外延较窄,仅包括野生动物资源,而且主要是珍贵、濒危野生动物。在一些国家,非野生动物也已成为刑法保护的对象。另外,我国现行刑法在很大程度上将动物幼体、蛋卵排除在保护的范围之外。但是,动物幼体或蛋卵长成之后就是动物,损害动物幼体或蛋卵对野生动物群的毁坏程度实际上比直接伤害野生动物本身还要大得多"。[1] 二是规定的侵害动物的行为类型较少,只有猎捕、杀害两种直接的方式和非法收购、运输、出售珍贵野生动物及其制品三种间接侵害的行为方式。而在环境刑法发达的国家,环境刑法所惩治的侵害动物的手段比这要多得多,如凌辱、虐待、伤害、追赶、毁坏巢穴等。三是过于强调结果,在许多情况下情节严重的行为才构成犯

---

〔1〕 郭建安、张桂荣:《环境犯罪与环境刑法》,群众出版社 2006 年版,第 450 页。

罪,而在一些环境刑法发达的国家,情节严重通常是加重刑罚所要考虑的因素,犯罪的构成并不总是取决于情节严重。

（二）毁坏植物罪

对于毁坏植物罪,我国现行刑法分别规定了非法采伐、毁坏珍贵树木罪和盗伐、滥伐森林和其他树木罪。与一些环境刑法发达国家的刑事法律相关规定对比,我国刑法在毁坏植物罪方面的规定也显得不够完善,存在与侵害动物罪同样的三个问题。

一是刑法保护的植物类对象的范围依然较窄,仅限于树木和国家重点保护的植物。与环境刑法发达的国家相比,还有一些应当受刑法保护的植物而没有进入到刑法保护的范畴,如观赏植物、防风治沙或防止水土流失的植物等。二是立法规定的毁坏植物的行为种类太少。我国《刑法》第344条和第345条所规定的针对林木的毁坏方式仅为3种:盗伐森林或林木、滥伐森林或林木和故意非法收购盗伐、滥伐的林木。一些国家则规定了除此之外的许多其他行为方式如从森林中提取矿石、矿砂、石灰或其他矿物质,妨碍森林或植被再生,非法销售砍伐森林工具等。三是刑法的规定过于强调结果,多数相关罪名都规定了数量方面或情节方面的要求。在我国属于构成要件的情节要素,在巴西等国都属于加重处罚情节。[1]

（三）污染环境罪

我国现行刑法在环境犯罪专节规定了两个相关的条文、三个罪名。第一个罪名是《刑法》第338条规定的污染环境罪,第二个罪名是《刑法》第339条第1款规定的非法处置进口的固体废物罪,第三个罪名是《刑法》第339条第2款规定的擅自进口固体废物罪。而从国外相关情况看,对于污染环境罪,有的国家是按照污染的对象分别规定

---

〔1〕 郭建安、张桂荣:《环境犯罪与环境刑法》,群众出版社2006年版,第451页。

罪名的,也有的国家是将不同的对象综合在一起一并规定罪名的。我国采取的是后一种模式,即将污染土地、水体、大气放在一起一并加以规定。将我国刑法关于环境犯罪的规定与国外的相应规定加以比较,我国在修订和完善环境刑法时需要考虑的问题包括以下几个:

第一,《刑法》第339条"非法处置进口的固体废物罪"和"擅自进口固体废物罪",应当做适当修改,与《刑法》第152条第2款相适应,将液体废物和气体废物包括进来。

第二,对于绝大多数国家都规定了的噪声污染犯罪,应当考虑在我国刑法中加以规定。考虑到我国在环境行政法《噪声污染防治法》中已经把噪声污染作为行政处罚对象做了规定,而且人们对生活质量和社会环境的要求越来越高,需要把极为严重且屡教不改的行为规定为犯罪,以刑罚作为一个撒手锏,防止噪声污染行为人长期与管理者玩猫抓老鼠的游戏。[1]

第三,对我国刑法在几个不同章节的条文中分别规定的放射性污染类犯罪加以梳理,在环境犯罪专章中集中作出规定。而且,对于近年来新出现的一些与放射性物质污染相关的犯罪,也应当合并加以规定。

第四,还可以考虑对重大环境污染事故罪进行分解,将其分解成为污染大气罪、污染海洋罪、污染内水罪、污染土地罪、核污染犯罪、噪声污染犯罪等,明确罪与刑,具体化、量化定罪标准与量刑尺度,以避免出现如每年环境污染行政处罚10万之起左右,而作为犯罪处理的在七八年内仅10起的局面。

（四）破坏土地资源罪

目前,我国关于破坏土地资源罪的规定主要是《刑法》第342条和

---

〔1〕 郭建安、张桂荣:《环境犯罪与环境刑法》,群众出版社2006年版,第452页。

《刑法》第 228 条。与其他国家环境刑法中关于毁坏土地资源犯罪的规定相比，我国刑法更强调结果在犯罪构成中所起的作用，特别突出了"造成耕地、林地等农用地大量毁坏"。而在其他国家，结果多被视为加重处罚的情节，而不作为犯罪构成的要件。此外，其他国家多将我国《刑法》第 228 条规定的这类间接破坏土地资源的犯罪也放在环境犯罪专章或专门的环境犯罪法中加以规定。另外，对于湿地资源的保护一些国家也采用了刑法手段。考虑到湿地对保持生态平衡的重要意义，以及在刑法中规定破坏湿地资源罪的可行性，我国也应对此进行评估。

（五）破坏矿产资源罪

我国 1997 年《刑法》第 343 条规定了非法采矿罪和破坏性采矿罪。其中关于矿产资源罪行为方式的规定对我国破坏矿产资源犯罪的实际状况具有很强的针对性。但是，与其他国家的相关规定相比，我国刑法规定的语言不够精练，行为类型的外延不够广泛，应当将更多类型的破坏性行为方式包括进来。如在前篇中有所列举的 1996 年《俄罗斯刑法典》都是可供参考的立法例，笔者在此不再赘述。

（六）损害人文景观罪

对于损害人文景观的行为，世界上有些国家也将其列在环境犯罪的范畴之内。而在我国，由于环境犯罪只是危害社会管理秩序罪中的一节，因此难以包含损害人文景观罪，便把这类犯罪作为与环境犯罪同样的一节"妨害文物管理罪"在同一章中做了规定。如果严格按照环境的定义，环境是包括人文景观的。如前所述，广义的环境定义一般认为，环境除包括自然因素之外，还应包括有关的人文环境，即社会因素。我国环境保护法对环境就是从广义角度做了界定："本法所称环境，是指影响人类生存和发展的各种天然的和经过人工改造的自然因素的总体，包括大气、水、海洋、土地、矿藏、森林、草原、野生生物、自然遗迹、人文遗迹、自然保护区、风景名胜区、城市和乡村等。"因此,在修订环境犯罪的有关部分时,可以考虑将损害人文景观罪包括进来,并把一些国家如巴西等规定的对非文物人文景观的损害行为也纳入这一章中。[1]

五、改革与完善对环境犯罪人的刑罚体系

我国现行刑法所规定的对环境犯罪的处罚,由于受刑法总则中刑罚体系和种类的限制,不利于实现保护环境的目的。我国现行《刑法》对于环境犯罪的刑事处罚措施与其他普通刑事犯罪的刑事处罚措施相同,即对自然人采取自由刑和罚金刑,对法人实行双罚制。应该说,该处罚措施在一定程度上确实起到了遏制犯罪的作用,但对于环境来说却没能很好地起到保护作用,只能由国家投入大量的人力、物力、财力去恢复。目前我国每年因环境污染和破坏造成的经济损失超过千亿元,均由国家来补救,这对国家财政来说是一项沉重的负担。因此我国已有学者提出在处以罚金刑的同时,对危害性不大的犯罪人,处以缓刑并责令其恢复环境原状或判处重建被损害环境的劳役刑。[2]国外已有针对环境犯罪适用重建被损害的环境这种刑事措施的规定。我国也曾有过这样的判例:2002 年 12 月初,湖南省临武县法院对滥伐林木的犯罪人王双英判处有期徒刑 3 年,缓刑 4 年。在缓刑期内要植树 3024 株,成活率要求在 95% 以上。因此,对环境犯罪的处罚要充分考虑到犯罪行为人通过破坏环境赚钱,国家通过环境治理投资为其买单的实际状况。当然这涉及对现行刑罚体系的改革与完善问题,需要在刑法总则中综合考虑,建议在社区矫正制度中加以规定和完善。

---

〔1〕 郭建安、张桂荣:《环境犯罪与环境刑法》,群众出版社 2006 年版,第 452 页。
〔2〕 同上,第 455 页。

此外,笔者还认为,我国应针对环境犯罪的特点,对于单位实施环境犯罪的,应当在明确罚金数额标准和提高罚金数额的同时,对于单位犯罪可以采用多元化的处罚方式。规定类似责令恢复环境的刑罚手段,使那些因过失导致环境犯罪,主观认罪态度又好的犯罪人能用自己的劳动恢复被自己破坏的环境,这样既惩罚了犯罪人,同时又能使环境价值得以恢复。

第三节　我国环境保护刑事司法制度的完善

环境保护刑事程序不同于普通的刑事诉讼程序,这主要是由于环境犯罪不同于普通的刑事犯罪所决定的。环境保护刑事程序也称环境保护刑事诉讼程序,是指有关追诉环境犯罪刑事责任的刑事诉讼程序。它与环境刑法的关系是形式与内容、程序法与实体法的关系:环境刑法的实现必须借助环境保护刑事诉讼程序才能得以顺利完成,而环境保护刑事程序是否完善又必将影响到环境刑法的实施效果。

对于环境犯罪的追诉,很少有专门的程序法来适用,大多只能按照普通的刑事诉讼法律所规定的程序进行。但由于环境犯罪有其独特的特点,实践中使其适用普通刑事诉讼程序存在一定的不足。例如,对环境犯罪的惩处不及时或力度不够,大多与环境犯罪的立案、起诉等启动程序和举证责任、因果关系等运行程序规则不完善有关。因此,及时制定特殊的环境保护刑事程序或调整、改进普通刑事诉讼程序,就是必须要解决的现实问题。

环境保护刑事诉讼活动最先涉及的是立案、管辖、时效等启动程序,它是追究环境犯罪的首要条件,也是环境保护刑事诉讼程序得以顺利进行的基础。启动程序方面的制度是否科学、完善,在很大程度上将制约或影响惩治环境犯罪的实际效果。我国没有专门的环境保护刑事诉讼程序,追究环境犯罪一般都适用普通的刑事诉讼程序,但有的因制度本身的缺陷,而不能完全适用,例如,追诉时效的规定,对于某些环境犯罪而言,很可能使环境犯罪人逃脱刑事制裁。因此,对有些普通刑事诉讼程序应加以调整、改进,以适应惩治环境犯罪的现实需要。

一、环境犯罪的立案完善

(一) 环境犯罪的立案管辖

立案管辖是指人民法院、人民检察院、公安机关在直接受理刑事案件上的分工,即犯罪案件应由公、检、法三机关中的哪一个机关最先立案。环境犯罪的立案管辖,是指人民法院、人民检察院、公安机关对直接受理环境犯罪案件上的分工。根据现行刑法的规定,环境犯罪可作两种理解,狭义理解仅指《刑法》分则第6章第6节破坏环境保护罪中规定的14种具体环境犯罪;广义理解还应当包括分则第2章危害公共安全罪中的放火罪(《刑法》第114条、第115条故意放火破坏森林的犯罪)、失火罪(《刑法》第115条第2款失火毁坏森林的犯罪)、非法买卖、运输核材料罪(《刑法》第125条);第3章破坏社会主义市场经济秩序罪中的走私核材料罪(《刑法》第151条第1款),走私珍贵动物、珍贵动物制品罪(《刑法》第151条第1款),走私珍稀植物、珍稀植物制品罪(《刑法》第151条第3款);第9章渎职罪中的违法发放林木采伐许可证罪(《刑法》第407条规定的林业主管部门工作人员,违法发放林木采伐许可证,致使森林遭受严重破坏的犯罪)、环境监管失职罪(《刑法》第408条规定的负有环保监管职责不按标准征用、占用土地罪和非法低价出让国有土地使用权罪),非法批准征收、征用、占用工地罪(《刑法》第410条规定的国家机关工作人员,徇私舞弊,违反土地管理法规,滥用职权,非法批准征用、占用土地,或者非法低价出让国有土地使用权的犯罪）。在此，笔者将从广义角度来分析环境犯罪的立案管辖规定内容。

根据《刑事诉讼法》第108条第3款的规定："公安机关、人民检察院或者人民法院对于报案、控告、举报，都应当接受。对于不属于自己管辖的，应当移送主管机关处理，并且通知报案人、控告人、举报人；对于不属于自己管辖而又必须采取紧急措施的，应当先采取紧急措勉，然后移送主管机关。"根据法律规定和司法实践经验的总结，笔者认为，关于环境犯罪立案管辖还有如下变通做法：

（1）对于一案同时涉及几个罪名，公安机关和人民检察院都有管辖权的公诉环境犯罪案件，一般经协商由对主要环境犯罪有管辖权的机关受理；如果难以区分主罪和次罪，则由先接受报案的机关受理，或者由一个机关受理后联合进行侦查。

（2）在案件受理后，如果在侦查阶段发现犯罪嫌疑人还犯有其他罪行，不论新发现的罪行属于哪个机关管辖，仍应由立案的机关合并侦查；如果在审理自诉案件中发现的新罪行属于公诉案的，则应移送人民检察院审查后按照立案管辖分工处理，自诉案件也随之合并于公诉案件的审理中。

（二）环境犯罪的立案标准

刑事诉讼中的立案，是指公安机关、人民检察院和人民法院对报案、举报、控告或者犯罪分子自首的材料进行审查，根据事实和法律，决定是否作为一个案件进行侦查或审判的诉讼活动。立案是刑事诉讼的开始，是刑事诉讼中的一个独立阶段。环境犯罪的立案是追究环境犯罪刑事诉讼开始的独立阶段，一般经过三个程序：一是对报案、举报、控告和自首材料的接受；二是对报案或举报、控告和自首材料的审查；三是决定对案件是否立案。第三个程序是关键环节，根据《刑事诉讼法》第86条的规定，环境犯罪立案必须具备两个条件：一是有环境犯罪事实;二是需要追究环境犯罪行为人的刑事责任。同时,根据《刑事诉讼法》第15条的规定,凡是具备下列三种情形之一的,不应立案:一是没有环境犯罪事实;二是虽有危害环境的行为发生,但情节显著轻微、危害不大,不认为是犯罪;三是虽有环境犯罪事实发生,但行为人具有不需要立案追究刑事责任的法定情形,主要包括:环境犯罪已过追诉时效期限的,经特赦令免除刑罚的,犯罪嫌疑人、被告人死亡的,其他法律、法规规定免于追究刑事责任的。

同时根据有关司法解释,达到立案标准的环境犯罪案件应当立案。根据1986年8月20日林业部、公安部《关于森林案件管辖范围及森林刑事案件立案标准的暂行规定》的规定,盗伐林木案的立案标准,林区立案起点为1立方米至5立方米,幼树50株至250株;非林区立案起点为0.5立方米至2.5立方米,幼树25株至125株,或者相当于上述损失的。滥伐林木案的立案标准,林区立案起点为5立方米至20立方米,幼树250株至1000株;非林区立案起点为2.5立方米至10立方米,幼树125株至500株。放火毁林案,凡放火烧毁森林或者其他林木的都应当立案。失火毁林案,失火烧毁森林或者其他林木10亩以上,或者损失折款500元以上,以及致人重伤、死亡的应当立案。同时,该暂行规定还规定:盗伐、滥伐林木案的立案起点,由各省、自治区、直辖市公安厅、局和林业主管部门分别在上述幅度内,结合本地具体情况确定。破坏珍贵树木的,应从严掌握,具体立案标准,由各省、自治区、直辖市公安厅、局和林业主管部门确定。

根据1994年5月25日林业部、公安部《关于陆生野生动物刑事案件的管辖及其立案标准的规定》(林安字C1994b44号)的规定,违法狩猎案的立案标准为:在禁猎区、禁猎期或使用禁用工具、方法猎捕地方重点保护陆生野生动物5只以上的;虽无猎获物,但具备下列行为之一的也应当立案:(1)使用军用武器、气枪、毒药、炸药、地枪、排铳等禁用工具 10 次以上或使用猎套 500 个以上、陷阱 100 个以上的；(2)采用夜间照明、火攻、烟熏等禁用方法 10 次以上的；(3)因违法狩猎被行政处罚过 2 次以上的。关于非法收购、出售国家重点保护陆生野生动物或者其产品案的立案标准为：非法收购、出售国家一级保护陆生野生动物 1 只以上或者国家二级保护陆生野生动物 3 只以上的；非法经营国家重点保护陆生野生动物产品价值 5000 元以上或者非法获利 1500 元以的。关于走私国家重点保护陆生野生动物或者其产品案的立案标准为：走私国家重点保护陆生野生动物或者其产品的应当立案。关于非法捕杀国家重点保护珍贵、濒危陆生野生动物案的立案标准，该规定在附件表格中作了详细规定：其中国家一级重点保护珍贵、濒危陆生野生动物为 83 种，多数以 1 只以上为立案标准，如熊猴、梅花鹿等；有的以 1 只以上即为重大案件(立案)标准，如台湾地区猴、豹、扭角羚等；有的以 1 只以上即为特大案件(立案)标准，如虎、亚洲象、朱鹮等；其中国家二级重点保护珍贵、濒危陆生野生动物为 126 种，多数以 2 只以上为立案标准，如短尾猴、丛林猫、岩羊等；少数以 1 只以上为立案标准，如小熊猫、猞猁、水鹿等，个别的以 4 只以上为立案标准，即岩雷鸟、小鸊、穿山甲等；个别的还有以 5 只以上为立案标准，即塔里木兔、大壁虎；还有的以 20 只以上为立案标准，即虎纹蛙。同时，该规定还规定，各省、自治区、直辖市公安、林业部门可根据本地实际情况，在本规定的幅度内确定本地区违法狩猎案的立案及重大、特别重大案件的立案起点。

上述环境犯罪的立案标准主要与公安机关有关，即上述环境犯罪一般应由公安机关直接受理，达到立案标准的，应当立案。对于应当立案而不立案的，人民检察院可依法行使监督权。

(三) 环境犯罪立案管辖的完善

立案是刑事诉讼开始的重要标志，没有立案，刑事诉讼活动便不能有序进行。但鉴于人们对环境犯罪案件的犯罪性、危害性认识不足，极易导致司法部门对应当立案的未予立案或不及时立案的现象时有发生。因此，应在立案程序上细化有关立案条件、步骤、时限、监督等内容，以有效地制裁环境犯罪。具体完善内容有三点建议。

1. 立案条件应适当放宽

现行《刑事诉讼法》第110条规定的立案条件有两个：一是认为有犯罪事实；二是需要追究刑事责任。针对环境犯罪而言，应对第一个条件作出放宽的规定。对于犯罪构成必须具备的四个要件，并非一定齐备，如犯罪主体不明、犯罪主观意图不清、最终危害结果不详等，不应影响立案。适当放宽立案条件，主要是考虑到环境犯罪的复杂性、证据难取等因素，及时立案有助于进一步决定是否再进行下一个诉讼环节。因此，只要司法机关认为有环境犯罪的一般事实，如珍贵树木被大批砍伐丢弃于山野上，有事实表明的河流被污水严重污染，大量鱼类死亡，但污染物及排污者不明等，认为需要追究刑事责任的，就应当立案。

2. 立案步骤、时限应具体

立案来源有两类：一类是报案或举报，经审查后决定立案的；另一类是公安机关、人民检察院自行发现犯罪事实或者犯罪嫌疑人而直接决定立案的。对前一类情况，法律规定的步骤、方式比较具体，但对后一类情况则规定得过于简单化。因此，对自侦立案应规定下列内容：内部发现线索登报记录、审查和正式决定立案等程序；对报案、举报外的移交或移转的，应有登记、审核等；对决定立案的，在一定时间内通知控告人；对决定不立案的，应有不立案书面通知书（说明理由）及通知的最晚期限等。

3. 立案监督应细化

立案监督的细化主要是有关控告人的立案监督方面应具体规定。

例如,对于不立案的,控告人除有不服而申请复议的权利外,还应规定对复议结果的不服,仍有权向上一级机关申请复议,并应规定对申请复议的期限和复核结果答复的期限。这样才有利于提高办案质量和诉讼效率,防止无限期办案或无理缠诉。

二、环境犯罪的起诉及其完善

(一) 环境犯罪的起诉

起诉是指检察机关或被害人以及其他依法拥有请求法院确认刑罚权是否存在和适用刑罚权对犯罪人进行惩罚的团体或者个人,以书面或口头方式对犯罪人提出指控,要求法院对犯罪事实进行确认并追究犯罪人刑事责任的行为。现代刑事诉讼中普遍采取以起诉启动刑事审判活动的做法,所遵循的原则为"不告不理原则"。在现代刑事诉讼中,根据行使控诉主体的不同,可将控诉分为公诉和私诉两种控诉形式。公诉是指国家专门机关代表国家向法院起诉的形式。私诉是指被害人及其近亲属或一般公众、社会团体向法院起诉的形式,其中被害人及其近亲属起诉的形式又被称为自诉。

《刑事诉讼法》第 167 条规定:"凡需要提起公诉的案件,一律由人民检察院审查决定。"这一法律规定表明两层意思。其一,提起公诉是法律赋予人民检察院的一项专门权力,其他任何机关、团体或公民个人都不得行使这项权力。提起公诉是指人民检察院对公安机关移送起诉或者人民检察院自行侦查终结认为应当起诉的案件,经全面审查,对事实清楚,证据确实、充分,依法应当处以刑罚的,提交人民法院进行审判的刑事诉讼活动。对于公诉案件,由人民检察院决定是否提交人民法院进行审判,这是法律赋予人民检察院的职权,既是人民检察院的重要工作,也是实施法律监督的重要内容。根据本条的规定,只有人民检察院有审查决定提起公诉的权力。本条中"凡需要提起公诉的案件"是指公安机关、人民检察院立案侦查,经侦查终结后认为应当提起公诉追究犯罪嫌疑人刑事责任的案件。因此,凡是公诉案件,非经人民检察院审查决定,任何单位都无权将案件交付人民法院审判。其二,人民检察院对公安机关及自行侦查移送起诉的案件,都必须严肃认真地进行审查并作出相应的决定。"人民检察院审查决定"是指人民检察院对移送的公诉案件进行审查核实,作出起诉或不起诉决定的过程。这包括两个方面的工作:一是对公安机关移送起诉或者人民检察院自行侦查终结、需要提起公诉的案件,进行全面审查。这种审查包括对案卷材料的审查和对据以定罪证据的审查。二是根据全面审查的结果,分别作出起诉和不起诉的决定。另外,我们也可以从中推导出下面两点引申含义:其一,人民法院受理的自诉案件,经审查认为必须由人民检察院提起公诉的,应当移送人民检察院审查决定是否提起公诉;其二,人民法院无权裁定驳回或撤销人民检察院的起诉,也无权变更人民检察院的起诉范围。

根据《刑事诉讼法》第 204 条规定,自诉案件包括:(1)告诉才处理的案件;(2)被害人有证据证明的轻微刑事案件;(3)被害人有证据证明对被告人侵犯自己人身、财产权利的行为应当依法追究刑事责任,而公安机关或者人民检察院不予追究被告人刑事责任的案件。其中,根据现行刑法的规定,告诉才处理的有公然侮辱、诽谤案件、暴力干涉婚姻自由案件、虐待案件,被害人有证据证明的轻微刑事案件中的有证据证明主要是指被害人能够明确提供被告人的身份,有确实、充分的证据证明该被告人对自己实施了犯罪行为,被害人的证据不足以证明被告人犯罪的案件,应当向侦查机关报案,由侦查机关进行立案侦查。被害人有证据证明对被告人侵犯自己人身、财产权利的行为应当依法追究刑事责任而公安机关或者人民检察院不予追究被告人刑事责任的案件必须同时具备以下三个条件:(1)被告人实施了犯罪行为,应当依法追究刑事责任;(2)被害人有证据证明;(3)公安机关或者人民检察院对被告人的犯罪行为不予追究。"公安机关或者人民检察院不予追究被告人的刑事责任",是指经向公安机关、人民检察院报案、控告、检举,公安机关、人民检察院未立案侦查,或者撤销案件,或者不起诉的。但上述刑事诉讼法的规定,并不能满足追究环境犯罪的实际需要。因此,笔者认为十分有必要对环境犯罪的起诉权加以完善,以便今后立法修改时及时加以调整。

(二) 环境犯罪起诉权的改进

我国现行刑事诉讼法规定的起诉权有两类:一类是公诉权,只能由人民检察院来行使;另一类是自诉权,由被害人来行使。针对环境犯罪而言,这两类权利的行使均应适当地予以扩大,以适应惩治环境犯罪的需要。

1. 应赋予环保机关类似公安机关的起诉意见权

关于环保机关起诉权,不同国家有不同的规定。有些国家赋予环保机关独立的起诉权。例如英国,污染监测部门、水利局、地方机关负责环境保护法的实施及起诉工作,法律赋予行政当局极大的自决权和实施时与有关部门的合作权。并在此基础上,诉诸刑法作为最后一个措施,即只有在极个别的情况下,或者当反复触犯法规,并且不同有关当局合作,或者发生引起广泛公众注意的环境危害时,才发生求助于刑法的情况。有些国家是以专门行使起诉权的警察或检察机关与行政机关的协调配合来惩治环境犯罪。例如荷兰,在特定的检察机关的控制下,设置了环保部门和警察的代表委员会,由该委员会决定是采取有效的行政措施,还是开始正式的法律诉讼。有些国家正开始探索新途径。例如瑞典,尽管仍由司法部门决定是否提起诉讼,但开始尝试由行政部门提供报告作为司法支持从而加强环境犯罪案件的信息来源。在我国,环保机关既是政府的职能部门,又是环境保护方面的专门机构,其环保专业技术、能力、水平往往是与公安、检察机关无法相提并论的。但根据现行刑事诉讼法的规定,只能向公安、司法机关举报环境犯罪行为,而是否立案、提起公诉由公安、司法机关决定,这样,极有可能由于公安、司法机关的缺乏专业知识等偏见而导致环境犯罪逃脱刑事追究。所以,应当在法律上明确规定环保机关享有一定的准司法起诉意见权。环保机关的这种准司法起诉意见权应当受两方面的限制,一方面是案件类型上的限制,环保机关只对污染环境的犯罪享有准起诉意见权,因为环保机关具备必要的测试设备和全面的专门知识而有能力胜任审查任务;另一方面是行使权力上的限制,即环保机关不享有独立的侦查权,如有必要行使,应取得公安、司法机关的参与或配合来共同完成。

2. 应赋予公民、单位准起诉权

我国现行刑事诉讼法规定的多种自诉案件情况,只有第三种(被害人有证据证明对被告人侵自己人身、财产权利的行为应当依法追究刑事责任,而公安机或者人民检察院不予追究被告人刑事责任的案件)才有可能对环境犯罪提起自诉。现实中,有不少因被害公民或单位没有一定的准起诉权而导致案件迟迟不能处理以致引发更严重后果的环境犯罪恶化现象存在。为了切实保障公民、单位的合法利益,提高诉讼效率,法律应赋予受害公民或单位准起诉权。即受害公民或单位有权对环境犯罪向公安机关或者人民检察院进行检举、控告,并有权直接提起环境保护刑事起诉倡议书,受理机关应在一定期限内(法律可以规定必要的期限)作出明确的书面答复;对不服答复的可以申请复议和向上一级机关申请复核。这样做不仅符合中国现实国情的需要,也顺应了国际社会的呼声和国外环境保护刑事诉讼程序的发展态势。在英国,对环境公害犯罪(涉及三人以上权益的损害),受害者或非直接受害人均可以提起诉讼,除非在特殊情况下,非直接受害人要征得检察官的同意后才能起诉;而环境私害犯罪(涉及不足三人权益的私人损害),除少数情况外,公民均可以提起诉讼。在日本,公民虽不能直接对环境公害犯罪提起诉讼,但可以通过告诉和检举的方式向司法机关提出请求,而且还可以通过特殊的检察审查会(由民间人士组成,设在各地方裁判所及其主要分裁判所所在地,该成员是从该地区的有权者中推选出来的 11 名外行人,其主要任务是,受理不服告诉和检举一方的意见,对检察官所做的不予起诉决定是否妥当作出判断,并进行必要的劝告)制度来保证公民上述权利的行使。当然,国内有学者建议,应在刑事诉讼中赋予公民对各种环境犯罪行为起诉权利,笔者认为这种主张是有一定道理的,但鉴于目前我国法制发展状况,尤其是公民法律意识偏低,权利易被滥用,环境犯罪的情况又较为复杂,公民人、财、物力有限,也难以胜任起诉角色,因此,起诉权仍应由检察机关行使。但法律赋予公民或单位有一定的准起诉权,反过来就可以促进检察机关起诉权的有效行使。

三、环境犯罪的审判管辖及其完善

(一) 环境犯罪的审判管辖

审判管辖是指人民法院系统内部在受理第一审刑事案件上的职权分工。分为级别管辖、地区管辖和专门管辖三种,环境犯罪的审判管辖也包括上述三种管辖形式。

1. 环境犯罪案件的级别管辖

级别管辖是指人民法院在审判第一审刑事案件权限上的分工。根据刑法分则有关环境犯罪的规定和《刑事诉讼法》第19条至第23条级别管辖的规定,各级人民法院之间在审理第一审环境犯罪案件上的权限分工如下:

(1)基层人民法院审理的环境犯罪案件包括:可能判处有期徒刑

以下刑罚的放火罪、失火罪;可能判处有期徒刑以下刑罚的非法买卖、运输核材料罪;可能判处有期徒刑以下刑罚的走私核材料罪和走私珍贵动物、珍贵动物制品罪;走私珍稀植物、珍稀植物制品罪;重大环境污染事故罪;擅自进口固体废物罪;非法捕捞水产品罪;非法捕杀珍贵、濒危野生动物罪;非法收购、运输、出售珍贵、濒危野生动物、珍贵、濒危野生动物制品罪;非法狩猎罪;非法占用耕地罪;非法采矿罪和破坏性采矿罪;非法采伐、毁坏珍贵树木罪;盗伐林木罪、滥伐林木罪;非法收购盗伐、滥伐的林木罪;违法发放林木采伐许可证罪;环境监管失职罪;非法批准征用、占用土地罪;非法低价出让国有土地使用权罪。

(2)中级人民法院审理的环境犯罪案件包括:可能判处无期徒刑或者死刑的放火罪,非法买卖、运输核材料罪,走私核材料罪,走私珍贵动物、珍贵动物制品罪和外国人实施的环境犯罪。

(3)高级人民法院审理的环境犯罪案件是全省(自治区、直辖市)性的重大环境犯罪案件,即罪行严重案情重大、对全省(自治区、直辖市)有重大影响的环境犯罪案件。

(4)最高人民法院审理的环境犯罪案件是全国性的重大环境犯罪案件,即对国内、国际有重大政治影响的环境犯罪案件。

2. 环境犯罪案件的地区管辖

地区管辖是指同级人民法院之间在审判第一审刑事案件上的权限分工。环境犯罪案件的地区管辖是指同级人民法院之间在第一审环境犯罪案件上的权限分工。通常有以下几种情况:

(1)以犯罪地人民法院管辖为主,以被告人居住地人民法院管辖为辅。《刑事诉讼法》第24条规定:"刑事案件由犯罪地的人民法院管辖。如果由被告人居住地的人民法院审判更为适宜的,可以由被告人居住地的人民法院管辖。"环境犯罪案件一般应由犯罪地人民法院管辖,即由环境犯罪预备地、环境犯罪行为实施地、环境犯罪结果发生地的人民法院管辖。极个别的情况,也可以被告人居住地的人民法院管辖,即由被告单位所在地或被告人户籍所在地、居所地、工作学习所在地的人民法院管辖。

(2)在都有管辖权的情况下,由主要犯罪地的人民法院管辖。根据《刑事诉讼法》第 25 条规定:"几个同级人民法院都有权管辖的案件,由最初受理的人民法院审判。在必要的时候,可以移送主要犯罪地的人民法院审判。"由于同一个被告实施的环境犯罪行为或共同犯罪所实施的环境犯罪行为涉及数个人民法院同时有管辖权时,如果被告人的主要环境犯罪行为不是发生在最初受理案件的人民法院所在地,该法院又难以查清这些主要环境犯罪行为时,可以把案件移送到主要环境犯罪地的人民法院进行审判。

(3)在管辖不明的情况下,由上级人民法院指定管辖。根据《刑事诉讼法》第 26 条规定:"上级人民法院可以指定下级人民法院审判管辖不明的案件,也可以指定下级人民法院将案件移送其他人民法院审判。"如果某一环境犯罪案件管辖情况不明或原来有管辖权的法院不能行使审判权,则上级法院有权指定下级法院中的某一个法院审判该案。

3. 环境犯罪案件的专门管辖

专门管辖是指专门法院同普通法院之间以及专门法院系统内部在审判第一审刑事案件上的权限分工。我国专门法院主要有军事法院、铁路运输法院、海事法院、林业或森林法院等。涉及环境犯罪审理的主要是林业法院。林业法院是我国根据实际需要设立的一种专门人民法院。目前,只在部分省的高级人民法院内设置了林业审判庭,在大多数林业管理局、林区内设立了森林法院或林业法院。林业法院主要审理本管辖区域内的危害和破坏森林资源的刑事案件及其他案件,根据现行刑法的规定,林业法院可以审理的环境犯罪案件包括非法采伐、毁坏珍贵树木犯罪,盗伐林木犯罪,滥伐林木犯罪,非法收购盗伐、滥伐的林木犯罪,放火、失火使森林遭受损失的犯罪等案件。

(二) 环境犯罪审判管辖的完善

笔者建议详细规定四级人民法院在审判第一审环境犯罪案件上的分工,有助于及时查明案情,准确适用法律,保证法院办案质量,防止因管辖不明而相互推诿,使案件得不到及时、正确地处理。具体包括以下几个方面。

1. 级别管辖

主要应明确规定基层人民法院和中级人民法院的分工。现行刑事诉讼法对此基本上是以法定刑的轻重为标准而划分的,但环境犯罪有其特殊之处,有些属于案情错综复杂、专业性很强的案件,不适合基层人民法院审理。因此,基层人民法院主要审理举动犯、危险犯和具有一般明显因果关系的实害犯案件;中级人民法院审理具有重大危害后果的实害犯和虽无重大危害后果但具有复杂因果关系的实害犯案件(包括可能判处有期徒刑或以下刑罚的案件)。

2. 地域管辖

主要应明确规定,根据案件类型不同或行为引发后果不同来确定由哪个法院管辖。即对于污染类环境犯罪案件,应以行为地法院受理为主(因为污染类环境犯罪多是企业所实施的,由行为地法院受理便于及时查清案件);对于破坏类环境犯罪案件,应以结果地法院受理为主(因为破坏类环境犯罪案件多为自然人所为,往往都是造成相当后果的结果犯,由结果地法院受理有利于及时、准确地查明案件);对于多个环境犯罪行为引发同一危害结果的,应由结果地法院受理;对于一个环境犯罪行为引发整个不同地方的危害结果的,应由行为地法院受理。

3. 专门管辖

我国目前专门审理环境犯罪案件的专门法院仅有林业法院,但它也仅审理一部分环境犯罪案件,即与破坏森林有关的环境犯罪案件。由于污染类环境犯罪案件,涉及非常专业的知识、技术等因素,由普通法院审理确有许多困难或者诸多不方便,所以,在条件成熟时,应尽量组建专门法院来审理这部分环境犯罪案件。如在案件多发地区成立环境保护刑事审判法庭或环境保护刑事审判法院,或将林业法院扩展为环境法院。在这之前,海事法院也应扩展审判业务,承担对污染海洋等犯罪案件的处理。

结　语

目前,我国政府已经调整了经济高速增长的预期,更加理性地面对中国所面临的经济和社会发展问题,政府对于环境保护的重视程度也日益高涨。过去那种以牺牲环境为代价换取经济高速增长的发展模式已经被认为是不可持续的。这些年我们在环境方面已经付出了巨大的代价。这些环境破坏带来的严重后果伴随着层出不穷的突发环境污染事件,已经引起了人民群众的经常性恐慌,重大环境污染事件也给社会发展、人民群众的生命财产和健康带来了极大的危害。这就迫切需要我国采取更加严厉的法律措施来打击破坏环境的行为。

尽管我国现行《刑法》相对于1979年《刑法》,对于环境资源的刑事保护有了很大的发展和进步。现行《刑法》对环境犯罪设有专节进行规定,同时在其他章节也规定了一些与环境犯罪相关的犯罪行为,如走私废物罪,走私珍贵动物、珍贵动物制品罪、逃避动植物检疫罪、动植物检疫徇私舞弊罪等。这都使得我国运用刑法手段对环境资源的保护更加严厉和全面。但是,与我国环境犯罪的严重性以及国外先进立法相比,我国的环境保护刑事保护仍然存在着不足,环境保护刑事立法存在诸多问题。很重要的一点是，域外的发达国家和地区在目前环境保护良好的情况下都有着严厉的环境保护刑事立法，而我国的环境破坏已经到了一个非常严重的地步，更需要加强刑事方法来打击破坏环境的违法犯罪行为。笔者相信在不久的将来必然会有较完善的针对环境犯罪的立法出台，以为解决环境污染问题提供法律保障。本书对环境犯罪的立法和司法上提出了一些具体的改进建议和看法，旨在为我国的环境保护刑事立法活动提供一些启示和思考。在确立了现代环境保护的观念下，我们应虚心向域外发达国家和地区求教，分析我国有关环境犯罪的立法现状与困境，顺应全球化的立法趋势——对环境犯罪的立法应该将多种原本违法的行为入刑，加重处罚力度，如此才能适应不断发展的环境法益需求。在环境问题上适当的重刑化是十分有必要且迫切的。只有我国早日构建起国际一体化的环境资源刑事保护制度，让我国的环境能够支撑起经济和社会的可持续发展，让每个公民生活在良好的环境中，才能实现人与自然的和谐共处！

参考文献

一、著作及译著类

1. 郭建安、张桂荣:《环境犯罪与环境刑法》,群众出版社 2005 年版。

2. 刘仁文:《环境保护与环境资源犯罪》,中信出版社 2004 年版。

3. 马克昌:《犯罪通论》,武汉大学出版社 1991 年版。

4. 付立忠:《环境刑法学》,中国方正出版社 2001 年版。

5. 孙国祥:《过失犯罪导论》,南京大学出版社 2009 年版。

6. 杨春洗、向泽选、刘生荣:《危害环境罪的理论与实务》,高等教育出版社 1999 年版。

7. 杨朝飞:《环境保护与环境文化》,中国政法大学出版社 1994 年版。

8. 陈兴良:《刑法新罪评释全书》,中国民主法制出版社 1995 年版。

9. 郭建安、张桂荣:《环境犯罪与环境刑法》,群众出版社 2006 年版。

10. 解振华:《中国环境典型案件与执法提要》,中国环境科学出版社 1999 年版。

11. 王秀梅:《破坏环境保护罪的定罪与量刑》,人民法院出版社 1999 年版。

12. 王秀梅:《破坏环境保护罪》,中国人民公安大学出版社 2003 年版。

13. 严足仁:《中国历代环境保护法制》,中国环境科学出版社 1989 年版。

14. 肖剑鸣:《比较环境法》,中国检察出版社 2001 年版。

15. [日]藤木英雄:《公害犯罪》,丛选功、徐遭礼、盂静宜译,中国政法大学出版社 2002 年版。

16. [日]原田尚彦:《环境法》,法律出版社 1999 年版。

二、编著类

1. 马克昌主编:《刑法学》,高等教育出版社 2003 年版。

2. 联合国环境规划署:《环境法教程》,王曦等译,法律出版社 2002 年版。

3. 张梓太主编:《环境与资源保护法学》,北京大学出版社 2008 年版。

4. 韩德培主编:《环境保护法教程》,法律出版社 2003 年版。

5. 金鑫主编:《世界问题报告》,中国社会科学出版社 2012 年版。

6. 张梓太主编:《环境与资源法学》,北京大学出版社 2008 年版。

7. 高铭暄、王作富主编:《中国惩治经济犯罪全书》,中国政法大学出版社 1995 年版。

8. 江伟钰、江伟铿编:《国际环境保护法学》,中国环境科学出版社 1993 年版。

9. 高铭暄主编:《刑法学》,中国人民大学出版社 1998 年版。

10. 李希慧主编:《妨害社会管理秩序罪新论》,武汉大学出版社 2001 年版。

11. 王作富主编:《刑法分则实务研究》(下),中国方正出版社 2010 年版。

12. 周其华主编:《环境保护法律全书》,中国检察出版社,2011 年版。

三、杂志类

1. 马瑞丽、吴宁："论恩格斯的自然辩证法及其当代意义"，载《自然辩证法研究》2013 年第 5 期。

2. 沈乐平："公害罪刍议"，载《法学（季刊）》1995 年第 2 期。

3. 向泽选："危害环境罪若干问题研究"，载《山东法学》1996 年第 1 期。

4. 邹清平："论危害环境罪"，载《法学评论》1996 年第 3 期。

5. 王力生："环境犯罪及其立法的完善"，载《当代法学》1991 年第 3 期。

6. 储槐植、傅立忠："一部有理论深度的新书——评〈法人犯罪与刑事责任〉"，载《中外法学》2003 年第 3 期。

7. 吴志良、李永生："环境犯罪的构成要件"，载《中国环境科学》1998 年第 18 卷。

8. 邵道萍："中国环境犯罪立法模式之构想"，载《广西政法管理干部学院学报》2004 年第 2 期。

9. 蒋香兰："新南威尔士州《环境犯罪与惩治法》的立法特色及启示"，载《中国地质大学学报》2013 年第 1 期。

10. 王秀梅："英美法系国家环境刑法与环境犯罪探究"，载《政法论坛》2000 年第 2 期。

11. 王世洲："德国环境刑法中污染概念的研究"，载《比较法研究》2011 年第 2 期。

12. 高铭暄、徐宏："环境犯罪应当走上刑法'前台'"，载《中国检察官》2010 年第 2 期。

13. 陈航："日本公害犯罪理论及其对我们的启示"，载《兰州商学院学报》2001 年第 5 期。

14. 杨开田："奥地利刑法新变革简介"，载《中南工业大学学报》（社科版）2001 年第 2 期。

15. 陈明华、王占启："海峡两岸环境犯罪之比较研究"，载《法律科学》2000 年第 1 期。

16. 王秀梅："台湾环境刑法与环境犯罪研究"，载《中国刑事法杂志》1999 年第 3 期。

17. 粟相恩："污染环境罪法益与罪过形式探析"，载《人民检察》2012 年第 9 期。

18. 冯军："污染环境罪若干问题探讨"，载《河北大学学报》(哲学社会科学版)2011 年第 4 期。

19. 郑牧民、习明："论污染环境罪的罪过形式"，载《求索》2012 年第 11 期。

20. 汪维才："污染环境罪主客观要件问题研究——以《中华人民共和国刑法修正案(八)》为视角"，载《法学杂志》2011 年第 8 期。

21. 张飞飞："污染环境罪立法完善问题研究"，载《重庆理工大学学报》(社会科学版)2013 年第 5 期。

22. 钟娟、马骏："重大环境污染事故罪若干问题探析"，载《学海》2008 年第 6 期。

23. 钱水苗："论重大环境污染事故罪"，载《浙江大学学报》(人文社会科学版)2000 年第 2 期。

24. 李永升："破坏环境保护罪的构成特征探析"，载《现代法学》2005 年第 2 期。

25. 尹常庆："对重大环境污染事故罪的探讨"，载《环境保护》1998 年第 2 期。

26. 王勇："从《刑法》修订看中国环境犯罪立法观转变"，载《环境保护》2011 年第 7 期。

27. 黄太云："《刑法修正案(八)》解读(二)"，载《人民检察》2011 年第 7 期。

28. 李岸曰："新'重大环境污染罪'属结果犯、危险犯还是行为犯?"，载《环境保护》2011 年第 11 期。

29. 李希慧、童伟华："论行为犯的构造"，载《法商研究》2002 年第 6 期。

30. 苏彩霞、齐文远："我国危险犯理论通说质疑"，载《环球法律评论》2006 年第 3 期。

31. 叶高峰、彭文华："危险犯研究"，载《郑州大学学报》（社会科学版）2000 年第 6 期。

32. 周健中、胡佳、曹俊华："危险犯的具体实践认定"，载《法学》2009 年第 5 期。

33. 陈庆、孙力："有关污染环境罪的法律思考——兼论《刑法修正案（八）》对重大环境污染事故罪的修改"，载《理论探索》2011 年第 3 期。

34. 王秀梅："环境犯罪刑事立法"，载《河北法学》1996 年第 1 期。

35. 刘宪权："污染环境的刑事责任问题"，载《环境保护》1993 年，第 10 期。

36. 郭建安、张桂荣："关于改革与完善我国环境保护刑事立法的建议"，载《法律适用》2007 年第 10 期。

四、文集类

1. ［美］阿德勒："犯罪行为人论对犯罪行为论——环境犯罪之犯罪论"，见《国际环境刑法论文集》，法律出版社 2009 年版。

2. 杜澎、王秀梅：《论环境犯罪的构成特征》，见高铭暄、赵秉志主编：《刑法论丛》（第 1 卷），法律出版社 1998 年版。

3. "犯罪原因的经济理论——贝克尔模型"，见《犯罪与司法全书》，中国方正出版社 2010 年版。

4. ［德］莫恩许拉格："从环境刑法与环境行政法的关系论环境刑法规范的规定位"，见《环境刑法国际学术研讨会论文集》。

5. 陈德敏、乔兴旺："中国植物资源刑法保护研究"，见《林业、森林与野生动植物资源保护法制建设研究——2004 年中国环境资源法学研讨会（年会）论文集》（第 2 册）2004 年版。

6.《中国环境与发展评论》(第 1 卷),社会科学文献出版社 2001 年版。

五、学位论文类

1. 陆舫:"环境犯罪若干问题研究",安徽大学 2013 年硕士学位论文。

2. 胡旭亮:"环境犯罪研究",中国政法大学 2012 年硕士学位论文。

3. 吴清房:"环境监管失职罪若干法律问题研究",西北民族大学 2011 年硕士学位论文。

4. 汪金英:《我国环境保护刑事立法完善初探》,东北林业大学 2004 年硕士学位论文。

5. 李静:"我国环境犯罪的立法现状及完善",山东大学 2010 年硕士学位论文。

6. 张大孟:"环境犯罪立法研究",中国海洋大学 2009 年硕士学位论文。

六、报纸类

1. [韩]许一泰:"韩国的环境犯罪",载《中国律师报》2006 年 6 月 9 日第 25 版。

2. 王炜:"《刑法》大幅修改'重大环境污染事故罪'",载《中国环境报》2011 年 3 月 4 日第 3 版。

七、中文网站类

康宁:"江苏盐城水污染事件主犯一审被判 11 年",载新华网,http://www.qhnews.com,访问日期:2013 年 6 月 18 日。